江苏省教育科学“十三五”规划重点课题
“初中生整书册阅读中教师支持性行为研究”成果

书册阅读与教师支持

伏荣超　编著

中国矿业大学出版社
· 徐州 ·

内 容 提 要

书籍是人类进步的阶梯，是开启人类智慧的钥匙。本书根据语文新课程标准关于整本书阅读的目标要求，从“导读”“推进”“拓展”三个方面，探索出12本必读名著的课型设计；根据书册的类型特点、阅读目标及方法要求，有针对性地设计了24本荐读名著的阅读任务单，为整书册阅读与指导提供具体、可操作的路径和方法。附录部分推介了“书册阅读与教师支持”相关的调查报告、实验方案、研究论文及课例，为教师开展课题研究提供参照。

图书在版编目(CIP)数据

书册阅读与教师支持 / 伏荣超编著. — 徐州 ：中国矿业大学出版社，2020.10

ISBN 978 - 7 - 5646 - 3922 - 8

Ⅰ. ①书… Ⅱ. ①伏… Ⅲ. ①阅读课—初中—教学参考资料 Ⅳ. ①G633.333

中国版本图书馆 CIP 数据核字(2020)第 184669 号

书　　名　书册阅读与教师支持
编　　著　伏荣超
责任编辑　陈振斌　史凤萍
出版发行　中国矿业大学出版社有限责任公司
（江苏省徐州市解放南路　邮编 221008）
营销热线　(0516)83884103　83885105
出版服务　(0516)83884895　83884920
网　　址　http://www.cumtp.com　**E-mail**:cumtpvip@cumtp.com
印　　刷　江苏凤凰数码印务有限公司
开　　本　710 mm×1000 mm　1/16　**印张** 15.25　**字数** 290 千字
版次印次　2020 年 10 月第 1 版　2020 年 10 月第 1 次印刷
定　　价　48.00 元

用经典滋养大写的"人"
（代序）

魏本亚

荣超老师来电，要求我给他的著作写序。在我的印象中，荣超是一位特级教师，为人低调，做事踏实。为了生计，他转战江南，打出一片天地。作为特级教师班的指导专家，为他的著作写点东西是我的责任。当我把他的著作细细读完之后，作为第一读者的我有一个强烈的感受，那就是荣超在用经典去滋养大写的"人"。

帕斯卡尔说：人是会思想的芦苇。然而，这里还缺少一个追问：人何以会思想？睿智者泰戈尔，他以神谕般的言辞给人以明示：思想以自己的言语喂养它自己，而成长起来。言语又何来？索绪尔说：言语是生活乐章的演奏。

书籍无疑是打开生活的最重要的窗口。透过这扇窗，圣哲明贤追溯本源，发出天问；透视生活，警示市井；启发想象，畅想未来。于是，思想沉淀为经典，语言发蒙于后学。总有洞若观火者发现典籍之于青年为必要，朱自清先生于1931年在西南联合大学积一生之所学，发古典之要义，为青年学子撰写经典学习普及本《经典常谈》一书，他在序言中说："在中等以上的教育里，经典训练应该是一个必要的项目。经典训练的价值不在实用，而在文化。"由此，我们可以明了阅读经典的重要性。叶圣陶先生在1980年《重印〈经典常谈〉序》中说："朱先生所说的经典，指的是我国文化遗产中用文字写记下来的东西。假如把准备接触这些文化遗产的人比做参观岩洞的游客，他就是给他们当个向导……他可真是个好向导，自己在里边摸熟了，知道岩洞的成因和演变，因而能够按真际讲说"。在这里叶老不仅丰富了经典的内涵，而且指出了青年人读经典是需要人扶掖的。因为，他们不惮于前行，而缺乏前行的舟楫和经验。

为了青年，我们向来是不缺乏热情的。殷殷者如孔丘，走六国而不悔；谆谆者如宋濂，撰长书以为赘。哪怕面临刀枪，也一如鲁迅先生般为青年发出“忘却的纪念”。然而，最深切的关爱除却热情，更在理性。时值新世纪第二个十年末，江苏省特级教师伏荣超与他的团队身居普通教育之岗位，超越激情爱岗之境界，探索理性从业之大道，切中当前阅读教学之时弊，以经典和名著的有效阅读指导来提升学生阅读之水平，收到切实之成效。

在中共中央、国务院的一系列文件中，国家一再强调要用文化育人，要用优秀的文化滋养我们的学子。国家的政策文件要落实到学校里、课堂里，就需要一线的教师去探索。荣超与他的团队埋头苦干，不事声张，只管探索。几年的时间，专注一事，做出了一个个成功的课例。如此的理性品质对于那种空头的理论家，忙得要死的“华威先生”实在是一副幅绝妙的讽刺画。他们的理性品质还在于逻辑，逻辑就是关联，就是系统，就是把一件事做完美。由此，他们把名著阅读指导做成了一个严密的课程体系，既有必读名著的阅读课程体系，也有荐读名著的阅读课程体系。在体系建设中，又依据教师支持目标的不同建构了不同的课型，更难能可贵的是他们对教材涉及的每一部名著都给出了课型详案。这是令人惊叹和佩服的，应该说这是一种开创性的工作，是阅读指导教学的一笔宝贵财富。

课程改革进入了深水区，立足核心素养培养全面发展的人是教育的主旋律。高中语文课程标准已经颁布，核心素养的四大要素已经明确。虽然初中课标还没有修订完成，但是语文核心素养的四大要素不会做太大调整。这就意味着，今后十年语文教育的主要任务就是践行核心素养理念。扩大阅读，阅读经典，就成为语文教学的重要工作。荣超他们所做的工作是一种创造性的工作，有着广泛的实践价值。

作为第一位读者，我想说做一件事不难，做成一件事有点难，做成一件有意义有影响的事，很难！我要为荣超及其团队成员鼓掌，正因为你们的实践有创新、有超越，所以你们的创造也就有引领价值。

是为序。

（魏本亚，江苏师范大学文学院教授、硕士生导师，江苏师范大学语文教育研究所所长，全国语文教育学专业委员会理事、全国语文学习科学专业委员会常务理事，基础教育国家级教学成果奖一等奖获得者）

目　　录

必读名著课型设计

荐读名著任务单设计

附　　录

必读名著课型设计

消除与经典的隔膜
——《朝花夕拾》导读课

【教学目标】

(1) 初读《朝花夕拾》,了解鲁迅多彩的童年生活,激发阅读兴趣。

(2) 精读《小引》,理解作者的写作原因与目的。

(3) 按照时间顺序,拟订阅读计划。

【课时安排】 一课时。

【教学过程】

一、导入

呈现"百草园"和"三味书屋"的图片。

在百草园和三味书屋,小鲁迅度过了他的童年生活。回顾《从百草园到三味书屋》这篇课文,其中提到了鲁迅童年的哪些经历呢?

明确:拿有趣的动植物玩耍、听长妈妈讲美女蛇的故事、雪地捕鸟、三味书屋读书、后园中玩耍、课上画画儿。

二、整体感知,任务驱动

任务一:初读感受鲁迅童年

(1) 在《朝花夕拾》一书中还有哪些篇章描写到了鲁迅的童年生活呢?

明确:《狗·猫·鼠》《阿长与〈山海经〉》《五猖会》《无常》。

(2) 初读这几篇散文,你读到了鲁迅哪些童年经历呢?

明确:

① 小鲁迅养过一只可爱的隐鼠,但被长妈妈不小心踩死了。

② 阿长给小鲁迅买来了他一直想要而不得的《山海经》。

③ 小鲁迅要去看热闹的五猖会了,却被父亲逼着背《鉴略》。

④ 小鲁迅在迎神赛会上看到了无常。

过渡:我们从前所了解的是"横眉冷对千夫指,俯首甘为孺子牛"的鲁迅,原来鲁迅还有这样的一面,有心爱的宠物,有不想背书的时候,还有上课画画儿的时候,实在与我们一模一样。这些经历都是鲁迅生命中珍贵的花朵,即书题中的"朝花"了。那为什么要"夕拾"呢?

任务二:《小引》探究写作原因

(1) 阅读《小引》。《朝花夕拾》的原名是什么?与原名相比,现在这个名字多了怎样的意蕴?

明确:原名“旧事重提”,改后的题目运用比喻,含蓄而富有文采,将情感与内容结合在一起,而原书名比较直白。

(2) 前言是打开书本大门的钥匙,再读《小引》,你能发现什么呢?

探究鲁迅写作此书的原因:“我常想在纷扰中寻出一点闲静来”。

问:“纷扰”具体是指什么呢?

明确:前两篇写于北京寓所的东壁下;中三篇是流离中所作,写作地点是医院和木匠房;后五篇写于厦门大学图书馆的楼上,已经是被学者们挤出集团之后了。

(在 PPT 上补充相关历史事件)

小结:拾取“朝花”,依稀嗅到童年和故乡的芬芳,回忆中的距离帮助作者推开眼前必须面对的事物,让身边的烦恼暂时远去。

(3) 齐读《小引》中有关故乡记忆的文字,谈谈为什么会有这样的感受。

我有一时,曾经屡次忆起儿时在故乡所吃的蔬果:菱角、罗汉豆、茭白、香瓜。凡这些,都是极其鲜美可口的;都曾是使我思乡的蛊惑。后来,我在久别之后尝到了,也不过如此;惟独在记忆上,还有旧来的意味留存。他们也许要哄骗我一生,使我时时反顾。

联系到课文中“似乎”和“确凿”这两个词。

明确:这是一种美丽的“偏差”,贯穿全书。“我”作为叙述者,细细探究可知,“我”有时是彼时童年时的自己,有时又是成年以后的自己,这就是儿童视角与成年视角的运用,我们下节课做进一步探究。

任务三:规划安排,保驾护航

阅读计划示例如表 1 所示。

表 1 阅读计划示例

阶段	任务	要求
第一阶段	阅读全书	边阅读边做批注,教师适时指导(可批注词句、疑问、写法、自己的感想等)
第二阶段	专题探究 1.《朝花夕拾》中的童心世界 2. 儿童视角与成人视角的表达 3.“我”眼中的鲁迅先生 (完成思维导图)	例:《朝花夕拾》中的童心世界 1. 畅谈喜爱篇目 2. 童年的事与人——温馨的回忆 3. 理性的思考

续表

阶段	任务	要求
第三阶段	1. 思维导图分享 2. 发挥想象，续写文章	如果我们能坐时空机找到童年的迅哥儿，他会是个怎样的孩子？我们又会碰到哪些人哪些事呢？发挥想象，以“穿越时空，随迅哥儿游故乡”为题，进行续写

三、总结提升

“带露折花，色香自然要好得多，但是我不能够。”记忆里的童年是充满乐趣的，但字里行间又带着缕缕的无奈与怅然。我们在阅读的时候要看到那个充满童趣的小鲁迅，更要试着去感受那个身处芜杂之中的大鲁迅。

四、布置作业

阅读《五猖会》，画出文中从成年人的角度进行叙写的文字，在旁批注大鲁迅的情感态度。

五、板书设计

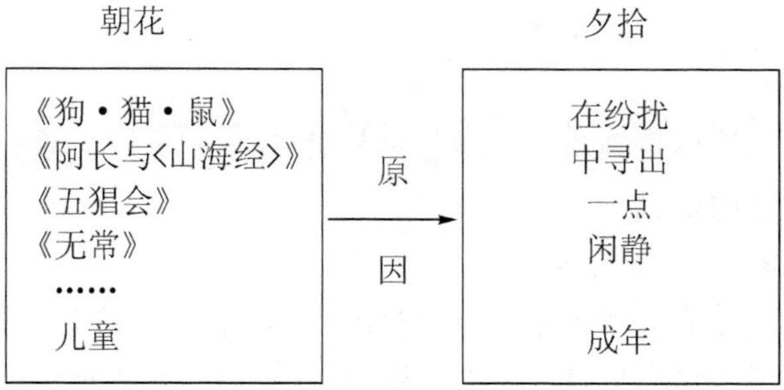

鲁迅的儿童教育观

——《朝花夕拾》推进课

【教学目标】

(1) 粗读《朝花夕拾》,探究旧时的家庭教育和学堂教育。

(2) 精读相关篇章,思考鲁迅对于儿童教育的体验和看法。

(3) 联系实际,探究鲁迅的儿童教育观在今天的借鉴价值,完成读书报告。

【课时安排】 一课时。

【教学过程】

一、导入

现代著名诗人柳亚子曾说:“近世对于儿童教育最伟大的人物,我第一个推崇鲁迅先生。”那么,鲁迅先生对于儿童教育有着怎样的看法呢?这节课我们便通过阅读《朝花夕拾》这本书探究一二。

二、整体感知

任务一:通读全书,探究旧时的儿童教育环境

(以小组讨论的形式)

1. 家庭教育——《五猖会》

情节:记叙儿时要去看五猖会,想到难逢如此盛大的庙会,“我”笑着跳着,兴奋得不得了。正要出发,父亲却命令“我”背书,一盆冷水,把“我”的兴致全浇灭了。待“我”读熟,在父亲面前梦似的背完,再去看会,已觉索然无味了。

结论:批判了封建家长制、封建教育对儿童活泼天性的压制和摧残。

问:从文中的哪些句子可以读出鲁迅先生批判的态度?

例:“我至今一想起,还诧异我的父亲何以要在那时候叫我来背书。”

文中的“我”本来是兴致勃勃要去看五猖会的,却被父亲强迫背诵,从而失去了兴致,表现的是封建社会的教育方法简单粗暴、不顾少年儿童心理的弊端。所以,父亲在临行时让“我”背书,“我”不应感到诧异,只是作者对父亲这种做法一直难以接受罢了。

小结:这句话是作者以成人视角叙述的文字,使得文章在对往事的回忆中,还浸透着鲁迅先生作为一个成熟的文学家、思想家的思想感情。

2. 学堂教育

(1) 学堂——《从百草园到三味书屋》。

“从一扇黑油的竹门进去，第三间是书房。中间挂着一块匾道：三味书屋；匾下面是一幅画，画着一只很肥大的梅花鹿伏在古树下。”

私塾——《琐记》。

“雷电学堂”——乌烟瘴气。

结论：批判了封建教育和封建迷信（雷电学堂）。

(2) 老师——《从百草园到三味书屋》。

概括：询问怪哉——扼杀儿童的好奇心和求知欲；有戒尺但不常用，有罚跪的规则但也不常用——严厉而不失温和。

结论：对于扼杀儿童好奇心和求知欲的教育方式有批判。

(3) 读书——《阿长与〈山海经〉》、《二十四孝图》、《五猖会》。

结论：缺乏少年可读之书。

教师指导：分组讨论前先思考可从哪些角度探究旧时的教育境况，有学校里的教育，同时还有家庭教育。引导学生联系实际进行讨论。以小组为单位分享讨论结果的时候，要结合具体情节或原句。

三、深入探究

任务二：探究鲁迅先生理想中的教育方式

（小组继续讨论）

(1) 家庭教育——萧红《回忆鲁迅先生》（节选）。

阅读材料：

从福建菜馆叫的菜，有一碗鱼做的丸子。

海婴一吃就说不新鲜，许先生不信，别的人也都不信。因为那丸子有的新鲜，有的不新鲜，别人吃到嘴里的恰好都是没有改味的。

许先生又给海婴一个，海婴一吃，又是不好的，他又嚷嚷着。别人都不注意，鲁迅先生把海婴碟里的拿来尝尝。果然是不新鲜的。鲁迅先生说：

“他说不新鲜，一定也有他的道理，不加以查看就抹杀是不对的。”

结论：尊重孩子，做事认真。

(2) 学堂教育。

① 学堂、教材——《琐记》《阿长与〈山海经〉》。

阅读关键词：矿路学堂、《天演论》。

结论：带学生认识世界，要符合学生认知水平，尊重学生认知天性。

② 老师——《藤野先生》。

情节：添改讲义、纠正解剖图、关心解剖实习、了解裹脚。

结论：耐心指导学生、尊重学生、治学严谨。

四、总结提升

鲁迅从小接受旧式私塾教育，深感传统教育对儿童天性的压迫，因此他对中国传统教育进行了谴责与批判，对国家和民族的前途与命运深切担忧，写成了《朝花夕拾》中的很多篇章。同学们认为鲁迅的哪些观点在今天仍有借鉴意义呢？或者读完《朝花夕拾》后，同学们对于鲁迅的儿童教育观念有没有要补充的呢？儿童教育包括家庭教育、学校教育和社会教育，这节课我们探究了家庭教育和学校教育，书中有没有提到社会教育方面呢？

五、布置作业

写一篇读书报告。

主题：我看鲁迅的儿童教育观。

要求：结合《朝花夕拾》中的具体情节内容，探究鲁迅先生的儿童教育观（特别是社会教育方面），联系实际谈谈这些观点在今天的价值。

六、板书设计

家庭教育 ——→ 对儿童活泼天性的压制和摧残

学堂教育 { 学堂、老师、教材 } ——→ 扼杀儿童的好奇心和求知欲 } 尊重儿童、认识世界……

观风俗，品人情，读作者
——《朝花夕拾》拓展课

【教学目标】

（1）通过批注式阅读和想象式阅读，了解绍兴和呼兰河不同的风俗习惯，以及不同的风俗习惯背后人们相同的思想。

（2）研读《朝花夕拾》《呼兰河传》中的精彩片段，探究鲁迅和萧红从双重视角来表现绍兴和呼兰河的风俗习惯的手法，体会他们复杂的情感。

【教学重点】 教学目标(1)。

【教学难点】 探究鲁迅和萧红从双重视角来表现绍兴和呼兰河的风俗习惯的手法，体会他们复杂的情感。

【课时安排】 一课时。

【教学过程】

一、导入

冰心曾言："提到童年，总使人有些向往，不论童年生活是快乐，是悲哀，人们总觉得是生命中最深刻的一段；有许多印象，许多习惯，深固地刻画在他的人格及气质上，而影响他的一生。"鲁迅和萧红在各自唯一一本回忆童年及故乡的文集中，都深情地描绘了自己心中那片熟悉又陌生的神奇土地。

二、研读探究

任务一：重提旧事，细数风俗

（1）鲁迅《朝花夕拾》一开始名为"旧事重提"，鲁迅重提了哪些旧事？萧红的《呼兰河传》里重提了哪些旧事？

《朝花夕拾》中重提的旧事：《阿长与〈山海经〉》——长妈妈讲"长毛"的故事，长妈妈谋害"我"的隐鼠，给"我"买《山海经》；《从百草园到三味书屋》——雪地捕鸟，提问"怪哉"一虫的事，到三味书屋后面的小园里去寻找乐趣，师生读书的场面，学生做戏、画画儿；《五猖会》——"我"儿时急切盼望观看迎神赛会的心情及父亲逼"我"背书时"我"的痛苦感受。

《呼兰河传》中重提的旧事：许多"我"和祖父在园子里的趣事，小团圆媳妇的悲惨遭遇，冯歪嘴子的凄凉生活，有二伯"可笑"的生活等。

(2) 回忆《朝花夕拾》中鲁迅故乡(绍兴)的风俗,《呼兰河传》中呼兰河的风俗。

① 出示一组表现长妈妈给福橘、五猖会的图片,学生看图猜,图中表现了鲁迅的故乡(绍兴)什么风俗?(过年吃福橘道福、迎神赛会)

② 细数《朝花夕拾》中鲁迅故乡(绍兴)的风俗,《呼兰河传》中呼兰河的风俗,小组选择完成绍兴风俗或呼兰河风俗的思维导图,全班交流。

绍兴风俗:床前贴"八戒招赘""老鼠成亲"的画纸;举办迎神赛会;元旦吃福橘;人去世要呼唤;人死了,不该说死掉,必须说"老掉了"。

呼兰河风俗:跳大神、唱秧歌、放河灯、看野台子戏、四月十八娘娘庙大会、人生病了请大仙、看洗澡、烧"替身",等等。

任务二:阅读风俗,体会人情

精读《朝花夕拾》与《呼兰河传》中叙写当地风俗的片段,体会当地人的情感。

(1) 小组自主选择《朝花夕拾》中的一个片段,做批注式阅读。

《阿长与〈山海经〉》中阿长让"我"吃福橘道福的片段(批注式阅读)。

例1:梦里也记得元旦的,第二天醒得特别早,一醒,就要坐起来。她却立刻伸出臂膊,一把将我按住。我惊异地看她时,只见她惶急地看着我。

……

"恭喜恭喜!大家恭喜!真聪明!恭喜恭喜!"她于是十分欢喜似的,笑将起来,同时将一点冰冷的东西,塞在我的嘴里。我大吃一惊之后,也就忽而记得,这就是所谓福橘,元旦辟头的磨难,总算已经受完,可以下床玩耍去了。

"伸出臂膊""按""惶急地看着""笑""塞""恭喜恭喜!大家恭喜!"这里的动作、语言、神态描写,写出元旦日阿长希望"我"给她道福,写出她对美好生活的渴望——平安、幸福,同时也是对生命的执着和热爱。

例2:开首是一个孩子骑马先来,称为"塘报";过了许久,"高照"到了,长竹竿揭起一条很长的旗,一个汗流浃背的胖大汉用两手托着;他高兴的时候,就肯将竿头放在头顶或牙齿上,甚而至于鼻尖。其次是所谓"高跷","抬阁","马头"了;还有扮犯人的,红衣枷锁,内中也有孩子。我那时觉得这些都是有光荣的事业,与闻其事的即全是大有运气的人,——大概羡慕他们的出风头罢。我想,我为什么不生一场重病,使我的母亲也好到庙里去许下一个"扮犯人"的心愿的呢?

助读资料:迎神赛会亦为一种庙会,于演戏敬神之外,尚须将神像抬出庙门巡行以祈福消灾。旧时,绍兴府属八县会市,以东关五猖会最为盛大。清宣统元年七月十日《绍兴公报》载:"会稽东关五猖会,为八县之冠,极尽奢华,异常热闹"。

迎神赛会多为纪念神灵,或遇天灾求神护佑。如久旱不雨,即迎龙王求雨等。

请学生通过片段的描述，想象五猖会中当时的画面（五猖会中有哪些景、哪些人，人们的衣着、语言、动作、神态），描写“我”当时的心理，体会人们的心情。

学生分享描写片段，老师点评，在师生交流中，体会乡邻的和睦，人们对美好生活的期盼之情。

小结：我们可以通过批注式阅读和想象式阅读，阅读《呼兰河传》中描写呼兰河风俗的片段，体会呼兰河人对待这些风俗的感情。

过渡：在长江之南的绍兴有着丰富多彩的风俗习惯，在萧红笔下的中国北方呼兰河又有哪些习俗，这些习俗中传递着呼兰河人的哪些情感呢？请采用批注式阅读和想象式阅读，以小组合作的方式，阅读其中一个片段。

（2）每位同学自主选择《呼兰河传》中的一个片段，做批注式阅读和想象式阅读，小组交流后全班分享。

例3：《呼兰河传》盂兰会片段。

一到了黄昏，天还没有完全黑下来，奔着去看河灯的人就络绎不绝了。小街大巷，哪怕终年不出门的人，也要随着人群奔到河沿去。先到了河沿的就蹲在那里。沿着河岸蹲满了人，可是从大街小巷往外出发的人仍是不绝，瞎子、瘸子都来看河灯（这里说错了，唯独瞎子是不来看河灯的），把街道跑得冒了烟了。

……

这灯一下来的时候，金呼呼的，亮通通的，又加上有千万人的观众，这举动实在是不小的。河灯之多，有数不过来的数目，大概是几千几百只。两岸上的孩子们，拍手叫绝，跳脚欢迎。大人则都看出神了，一声不响，陶醉在灯光河色之中。灯光照得河水幽幽地发亮。水上跳跃着天空的月亮。真是人生何世，会有这样好的景况。

“奔”“跑”“蹲”“拍手”“跳脚”等一系列动词，“千万人”“几千几百只”等数量词，“金呼呼的”“亮通通的”等形容词，夸张、拟人的修辞写出了盂兰会的热闹。（教师追问，为什么呼兰河的盂兰会如此热闹？因为表达了人们对去世亲人的追思）

例4：《呼兰河传》野台子看戏片段。

台子的架一竖起来，城里的人就说：“戏台竖起架子来了。”

一上了棚，人就说：“戏台上棚了。”

戏台搭完了就搭看台，看台是顺着戏台的左边搭一排，右边搭一排，所以是两排平行而相对的。一搭要搭出十几丈远去。

眼看台子就要搭好了，这时候，接亲戚的接亲戚，唤朋友的唤朋友。

比方嫁了的女儿，回来住娘家，临走（回婆家）的时候，做母亲的送到大门外，摆着手还说:“秋天唱戏的时候,再接你来看戏。”

坐着女儿的车子远了,母亲含着眼泪还说:“看戏的时候接你回来。”

我们可以赏析描绘野台子的场景,可以赏析母女对话的画面,野台子看戏中这些人不仅仅是看戏,更是看人,看父母,看女儿,看对象,看的是戏,品的是情。

小结:无论是鲁迅儿时的江南绍兴,还是萧红儿时的呼兰河,都有着多姿多彩的风俗习惯。这些风俗不仅仅传递着当地人对亲人的追念、对亲情的珍惜、对爱情的渴盼,还传递出他们对美好生活的向往和期盼。

任务三:童眼看风俗,成人思风俗

过渡:我们游走在绍兴的大街小巷中,在举行的五猖会中,在长妈妈递出的福橘中,在“我”床边贴的老鼠成亲的图画中,读出绍兴人对未来美好生活的向往和追求。那么童年鲁迅和成年鲁迅对待当地的风俗,又有着怎样截然不同的看法?

(1) 阅读下面两个片段,想象一下,面对同样的一种风俗,童年鲁迅和成年鲁迅心里想了什么?如果能隔空对话,童年鲁迅会对成年鲁迅说些什么?成年鲁迅又会对童年鲁迅说些什么呢?

片段1:孩子们所盼望的,过年过节之外,大概要数迎神赛会的时候了。但我家的所在很偏僻,待到赛会的行列经过时,一定已在下午,仪仗之类,也减而又减,所剩的极其寥寥,往往伸着颈子等候多时,却只见十几个人抬着一个金脸或蓝脸红脸的神像匆匆地跑过去。于是,完了。

片段2:现在看看《陶庵梦忆》,觉得那时的赛会,真是豪奢极了,虽然明人的文章,怕难免有些夸大。因为祷雨而迎龙王,现在也还有的,但办法却已经很简单,不过是十多人盘旋着一条龙,以及村童们扮些海鬼。那时却还要扮故事,而且实在奇拔得可观。

童年鲁迅说:____。

成年鲁迅说:____。

小结:不止《五猖会》,《朝花夕拾》其他篇目中大量的绍兴民俗描写,透过儿童、成人双重视角,寄予了鲁迅复杂的思想情感和深刻的文化思考。他透过儿童视角描写了一个民风淳朴的乡土世界,表现了这个流落在外的异乡人对家乡的思念,同时又借助成人视角对家乡的封建陋俗进行深刻批判。

过渡:鲁迅的弟子萧红在创作《呼兰河传》中同样采用了双重视角来展示她儿时的呼兰河,写出了呼兰河多彩的风俗,传递出萧红对呼兰河人复杂的感情。

(2) 小组合作,寻找从儿童视角展现呼兰河风俗的片段,以及从成人视角展现呼兰河风俗的片段,完成表1和表2。小组讨论,全班交流。

表1　儿童视角下的呼兰河风俗片段

展现视角	展现呼兰河风俗的语段	儿时的“我”所思所想	我的所思所想
儿童视角	奶奶去世		
儿童视角	团圆媳妇生病跳大神		
儿童视角			
儿童视角			

表2　成人视角下的呼兰河风俗片段

展现视角	展现呼兰河风俗的语段	成年的“我”所思所想	我的所思所想
成人视角	跳大神	那鼓声就好像故意招惹那般不幸的人，打得有急有慢，好像一个迷路的人在夜里诉说着他的迷惘，又好像不幸的老人在回想着他幸福的短短的幼年。又好像慈爱的母亲送着她的儿子远行。又好像是生离死别，万分地难舍	
成人视角	盂兰会		
成人视角			
成人视角			

(3) 全班交流的过程中，教师出示PPT，引导学生思考萧红为何采用双重视角来描写呼兰河的纷繁复杂的风俗，揣摩萧红复杂的情感。

助读资料1：萧红，出身于呼兰河的一个地主家庭，年幼母亲去世，跟随祖父生活，29岁时不愿包办婚姻，逃出家庭，其父亲宣布开除她的祖籍，她终生不曾再回过呼兰县的家。

助读资料2：萧红一生辗转多个地方，生活困窘。窘迫到一度将被旅馆老板贩卖以抵所欠旅食费；窘迫到零下30摄氏度的严寒里，穿着夏天的鞋子，饥肠辘辘地在雪地上奔走谋生；窘迫到养不起刚生下来的孩子，不得不眼看着医院看门的老大爷把这个孩子抱走，无助到患严重肺病；窘迫到靠朋友的接济住院治疗，在战争与病痛的折磨中，与世长辞，年32岁。

助读资料3：他们就是这类人，他们不知道光明在哪里，可是他们实实在在地感到寒凉就在他们身上，他们想退去寒凉，因此而来了悲哀。

小结：写的是风俗，说的是人情，读的是萧红的内心。儿童和成人的双重视角，矛盾的情感冲突，让我们看到了呼兰河人的善良，感受到“我”无忧无虑的童年，感受到萧红对呼兰河有着深深的眷恋，更品咂出呼兰河人的愚昧、麻木和不仁，体会到萧红对呼兰河人深深的怜悯。呼兰河是萧红的故乡，是她漂泊在外，尝尽苦涩和寂寞后的精神慰藉，是她的精神家园，无怪乎萧红最后说"只因他们充满了我幼年的记忆，忘却不了，难以忘却，就记在这里了"。难以忘却，时时记起，那呼兰河，那呼兰河人，那呼兰河风俗。

三、布置作业

（1）小论文：我看《呼兰河传》中多姿多彩的风俗。

（2）某摄制小组要制作有关呼兰河风俗的系列片，请你从民俗的角度为19世纪20年代（萧红童年时期）呼兰河这座小城写一段解说词。

（3）采访身边的老人，搜集整理南京19世纪二三十年代的风俗。比较南京19世纪二三十年代的风俗与呼兰河风俗的异同、与现在的风俗的异同，并探究原因。

四、板书设计

迎神赛会			盂兰会
除夕吃福橘	绍兴 风俗习惯	呼兰河	跳大神
床前贴"老鼠成亲"的画			请大仙
人去世要呼喊			烧"替身"
			看洗澡
双重视角	对故乡的眷恋	对故乡人的怜悯	对愚昧的批判

真假“西游”

——《西游记》导读课

【教学目标】

(1) 了解本书的主要内容及作品的现实意义，激发学生阅读经典的兴趣。

(2) 通过阅读前言及浏览目录，设计名著阅读进程表，整体感知经典，渗透精读与跳读的方法。

(3) 采用多种形式，引领学生交流初读后的感悟，鼓励其大胆表达、敢于质疑，将名著阅读引向深处。

【教学重点】 整体感知全书内容，自主设计阅读进程，了解跳读和精读的方法。

【课时安排】 一课时。

【教学过程】

一、导入

“海外有一国土，名曰傲来国。国近大海，海中有一座名山，唤为花果山。那座山正当顶上，有一块仙石。……内育仙胞，一日迸裂，产一石卵，似圆球样大。因见风，化作一个石猴。”这个石猴就是我们所熟悉的——孙悟空。机智、勇敢、天不怕地不怕的孙悟空深受大家的喜爱，今天这节阅读课，就让我们一起走进中国古典文学四大名著之一的《西游记》。

（或播放 1986 年电视剧《西游记》的主题曲，激发学生阅读兴趣）

二、竞赛西游知多少

①《西游记》的作者是（ B ）。

A. 曹雪芹　　B. 吴承恩　　C. 施耐庵

② 猪八戒原本是天上的（ B ）。

A. 弼马温　　B. 天蓬元帅　　C. 卷帘大将

③《西游记》一书共有（ C ）。

A. 八十回　　B. 九十回　　C. 一百回

④ 唐僧的坐骑小白马原本是（ B ）。

A. 东海龙王的儿子　　B. 西海龙王的儿子　　C. 南海龙王的儿子

⑤《西游记》中唐僧的徒弟是指(孙悟空、猪八戒、沙僧)。

⑥ 孙悟空一个筋斗云能飞(A)。

A. 十万八千里　　B. 十万三千里　　C. 十万里

⑦ 沙和尚的法号是(A)。

A. 沙悟净　　B. 沙悟能　　C. 猪刚鬣

三、整体感知

任务一:"前言"领航,辨真伪

(1) 学生展示手中的《西游记》,这本书由几个部分组成?(前言、简介、目录、正文、后记)

(2) 阅读前言部分,想想作者吴承恩在什么情况下写的《西游记》? 书中主要内容是什么?《西游记》主要写了哪些人物?

① 补充背景。

唐太宗年间,僧人玄奘费时 19 年,历经百余国,克服了许多难以想象的困难,来到天竺国(现在的印度),取回了 650 多部佛经。这事在民间广为流传,而且越传越广,越传越奇,人们加进了神猴得道、降妖捉怪等许多神话传说,700 多年之后终于从吴承恩的笔下诞生出了这部旷世神魔小说——《西游记》。

② 这是真实的故事吗?(讨论真实性)

明确:历史上的"唐僧取经"。

玄奘,俗姓陈,名祎,13 岁出家,决意到佛教发源地天竺去研究教义,取回真经。唐太宗贞观元年(627 年),玄奘只身离开长安,经河西走廊,出玉门关,过吐鲁番,历经艰辛,到达天竺,贞观十九年(645 年)回到长安。此行历时 19 年,行程 5 万里,取回佛经 657 部。回到长安后,在慈恩寺又以 19 年时间译出佛经 75 部,创立了佛教重要宗派法相宗。唐高宗麟德元年(664 年),玄奘圆寂。

主要内容及主要人物:《西游记》写的是唐僧、孙悟空、猪八戒、沙僧师徒四人去西天取经,经历了九九八十一难,最终取回了真经。(人+事)

任务二:"目录"鸟瞰,设进程

浏览目录部分,设计阅读进程表。

《西游记》的故事由三部分组成。一是前七回写孙悟空的来历,他的出世、学艺和大闹天宫的故事。二是第八至十二回,介绍取经的缘由(如来说法,唐三藏的身世,魏征斩龙,唐太宗入冥,观音指示取经)。三是第十三至一百回,写孙悟空皈依佛门,和猪八戒、沙僧一起保护唐僧往西天取经。他们一路上与妖魔和险恶的自然环境做斗争,经历九九八十一难,终于取得真经,师徒四人修成正果。

根据建议，自行设计阅读进程表(表1)。

表1 阅读进程表

章回	核心故事	阅读任务及具体要求
一至七	孙悟空的来历，他的出世、学艺和大闹天宫的故事	跳读圈画悟空装备获得的地点、形式，绘制“悟空装备思维导图” 精读，用批注的形式回答文本批注中的问题 小组对话表演“孙悟空智斗二郎神”情节
八至十二	介绍取经的缘由(如来说法，唐三藏的身世，魏征斩龙，唐太宗入冥，观音指示取经)	魏征斩龙、唐太宗入冥与唐僧取经之间的关联，探讨这几回在整本书的作用
十三至一百	孙悟空皈依佛门，和猪八戒、沙僧一起保护唐僧往西天取经。他们一路上与妖魔和险恶的自然环境做斗争，经历九九八十一难，终于取得真经，师徒四人修成正果	完善唐僧取经线路图 小组合作选择精彩章节，批注并讲述故事，如三打白骨精、三借芭蕉扇、四圣试禅心等 以思维导图式呈现经典情节，从情节概要、人物形象、体验看法等方面 探索故事架构，尝试创作取经路上的“新故事” 探究取经路上的妖魔鬼怪，感受神魔背后的现实意义

任务三：方法推介，显本领

互相交流阅读《西游记》的方法。

(1) 阅读前言或简介，了解写作背景、作者简介、主要内容和主要人物。

(2) 浏览目录，了解有哪些故事情节，设计阅读进程表。

(3) 跳读与阅读目的无关、不感兴趣的章节，精读喜欢的故事情节，圈点勾画，批注赏析。

(4) 遇到不懂的问题打个问号，先接着往下读，再贯通前后，心领神会。

四、鼓励探究，拓展延伸

鲁迅先生称《西游记》为神魔小说，何为神魔小说？还有人评价《西游记》是儒释道思想的最佳诠释，你发现了吗？(鼓励学生大胆表达，敢于质疑)

的确，《西游记》是我国古典四大名著之一，是我国文化的瑰宝，可谓常读常新，也希望你在重读经典的过程中能够有新的体验与感悟。

五、板书设计

《西游记》之新读

内容构成	
背景真假	文化瑰宝
方法推荐	常读常新
表格设计	

“金箍棒”与“紧箍咒”

——《西游记》推进课

【教学目标】

(1) 通过跳读和精读有关金箍棒、紧箍咒的情节，分析其对孙悟空的作用。

(2) 通过分析孙悟空的成长之路，评价《西游记》这本书。

【教学重点】 教学目标(1)。

【教学课时】 一课时。

【教学准备】

(1) 从师徒四人中选一人创意设计“多维度人物评价”思维导图。

(2) 完成预习学案。(附后)

【教学过程】

一、导入

PPT 上展示学生思维导图的作品。

师：上周布置大家从师徒四人中选一人做“多维度人物评价”的思维导图，我发现选择孙悟空的同学居多。看看这些孙悟空的绘图，你们有没有发现其中的共性呢？

明确：都画了金箍棒或紧箍咒(板书)。

师：为什么同学们在画到悟空时不约而同地画了金箍棒或紧箍咒呢？

预设：这是悟空的象征；陪伴悟空的时间极长……

师：那么这节课我们就探究金箍棒与紧箍咒对悟空的意义与影响。

二、跳读与金箍棒相关的情节，分析金箍棒的作用

(1) 复述“大闹天宫”的故事，发现悟空的“桀骜不驯”与“反抗精神”。

① 在欣赏同学们的思维导图时，提及悟空的性格多以优点为主，但也有个别同学写到了悟空的缺点，比如有位同学提到了“桀骜不驯”这个词，那么《西游记》一书中有哪些情节体现了悟空桀骜不驯的一面呢？

明确：大闹天宫；第十四回唐僧念紧箍咒时悟空想打唐僧。

② 唱词：

曾将此棍闹天宫，威风打散蟠桃宴。
天王赌斗未曾赢，哪吒对敌难交战。
棍打诸神没躲藏，天兵十万都逃窜。
雷霆众将护灵霄，飞身打上通明殿。
掌朝天使尽皆惊，护驾仙卿俱搅乱。
举棒掀翻北斗宫，回首振开南极院。
金阙天皇见棍凶，特请如来与我见。

——《西游记》第七十五回

这一段唱词就是悟空自己念的当年手持金箍棒大闹天宫的故事，请同学们齐读这段唱词，并思考，大闹天宫的情节还能表现出悟空怎样的性格品质呢？

预设：体现出孙悟空的反抗精神。（板书）

（2）“兵家胜负自如然，困苦灾危无可辨”，孙悟空自此踏上了西天取经之路，金箍棒帮助他一路降妖除魔。（板书）

请大家列举一些孙悟空用金箍棒与妖怪打斗的情节。

（3）取经路上，悟空只是一味地打恶人吗？（引导：悟空有没有用金箍棒救过谁？）

明确：第四十五回中帮助车迟国的和尚；第六十回中拯救火焰山那方的生民；第六十七回中救了整个陀罗庄；第七十九回中救了比丘国一国小儿；第八十四回中使灭法国国王不再杀戮和尚；第九十一回中金平府除犀牛精后不再劳民伤财等。

小结：金箍棒还能帮助悟空济世救民。（板书）

过渡：孙悟空凭着金箍棒上天入地无所不能，唯有紧箍咒能够制约一二。

三、精读紧箍咒相关的情节，分析紧箍咒的作用

（1）悟空是在第几回戴上紧箍的？

明确：第十四回。

请同学们跳读第十四回的内容，思考几个问题（跳读时可跳过与阅读目的无关的语段）：

① 紧箍是从何而来？（观音给唐僧的。观音给唐僧紧箍前发生了什么？悟空滥杀六贼，且不服管教）

② 唐僧因何而念紧箍咒？（第一次是试验，第二次是因为悟空要打唐僧）

③ 紧箍咒有怎样的用途呢？（配以紧箍，可约束悟空言行）（板书）

（2）后面还有哪几回提到了念紧箍咒？

明确：第十四回（4次），第十六回观音院丢失袈裟，第二十七回三打白骨精（3次），第三十八至三十九回唐僧逼悟空在阳世间医活乌鸡国国王，第三十九回

乌鸡国为辨别真假唐僧，第五十六回悟空打死几个贼人及杨老儿的儿子，第五十八回辨别真假美猴王。

还有一些要念未念的情节，以及取经后半程唐僧已不再念了。（提醒：看这些回数你有什么发现?）

（3）为什么到取经后半程唐僧就不再念紧箍咒了呢?

明确：师徒关系逐渐融洽；悟空有所转变。（主观因素）

（4）我们可以观察到，其中有几次念紧箍咒都与杀强盗有关，请同学们来精读老师选出来的与强盗有关的选段，看看悟空的转变。（分别节选自第十四回、第五十六回、第九十七回）

要求：一边读一边勾画重要的语句。

① 请同学们分享一下勾画出的语句。

我们可以发现同学们勾画出来的大都是描写悟空动作、心理、语言、神态等的句子。

② 请同学们继续勾画选段中描写悟空的句子，并进行比较分析，谈谈自己的发现。

预设：

表1　三则选段中悟空的态度

情节	第十四回	第五十六回	第九十七回
面对杀强盗，悟空的态度			
面对唐僧念紧箍咒，悟空的态度			

预设：第十四回，打死六贼，唐僧指责，悟空愤而离开，在龙王及观音劝解下回来，从此套上紧箍咒。第五十六回，打死那伙贼人后唐僧念紧箍咒，悟空不愿走。第九十七回，面对偷抢寇员外家财产的强盗，悟空想到唐僧的告诫没有打死他们。

（5）悟空为什么会有这样的变化?

明确：对于紧箍咒的畏惧。（追问：第九十七回似乎完全没有提到紧箍咒，而且我们之前谈到，唐僧在取经后半程几乎没有念过紧箍咒）

对于师父的尊敬。（悟空已由一个桀骜不驯的美猴王变为尊师重道的孙悟空了）

自我道德的约束。（引导：悟空的这些变化完全就是唐僧或紧箍咒的强行约束吗?）

分析：从这三则选段可见孙悟空已逐渐由紧箍咒外在的强行约束，变为内心的自我约束。板书："约束"。

四、小结归纳精读的方法

刚刚我们阅读三则材料的过程便是精读的过程，有没有同学能为我们归纳一下何谓精读呢？

明确：精读就是细读，一边细致地读，一边圈画出关键语句；精读就是精思，一边读一边进行思考；精读就是鉴赏，通过品析描写悟空的句子，并进行比较分析，有所发现。

五、总结提升

我们借助金箍棒与紧箍咒，一同经历了孙悟空的成长历程。第一百回的时候，紧箍咒"今已成佛，自然去矣"，西天取经便也至此结束。孙悟空也从一个石猴最终成为"斗战胜佛"（板书），其实也成就了自我。取经之路，正是悟空的个人修炼之旅。当外在约束化为自觉行动时，我们便也能做到儒家所言的"从心所欲，不逾矩"。

六、布置作业

用我们这节课学习的抓住一个角度，通过跳读与精读分析人物形象，进而探究小说主题的方法，从师徒四人中另选一人以作探究。

七、板书设计

金箍棒	紧箍咒	
桀骜不驯	约束	降妖除魔
反抗精神	——→	济世救民
		成就自我

附1 《西游记》预习学案

跳读与"金箍棒"相关的情节，完成附表1。

附表1　金箍棒相关情节

来由	
外形	
特性	
取经前的战绩	示例：悟空抡着金箍棒大闹幽冥界，销去生死簿上猴属名字。（第三回）

续附表

取经路上的战绩 （至少5个）	示例：悟空掣金箍棒三次打杀尸魔变化的凡人。（《三打白骨精》）

跳读与“紧箍咒”相关的情节，完成附表2。

附表2　紧箍咒相关情节

来历	
用途	
取经路上一共念了哪几次紧箍咒？	第1次：悟空因打死六贼，套上紧箍，被念紧箍咒。（第十四回）

附2　与强盗有关的选段

材料1：行者的胆量原大，那容分说，走上前来，叉手当胸，对那六个人施礼道：“列位有甚么缘故，阻我贫僧的去路？”那人道：“我等是剪径的大王……”“……一个唤做眼看喜，一个唤做耳听怒，一个唤做鼻嗅爱，一个唤作舌尝思，一个唤作意见欲，一个唤作身本忧。”

……

行者伸手去耳朵里拔出一根绣花针儿，迎风一幌，却是一条铁棒，足有碗来粗细。拿在手中道：“不要走！也让老孙打一棍儿试试手！”唬得这六个贼四散逃走，被他拽开步，团团赶上，一个个尽皆打死。剥了他的衣服，夺了他的盘缠，笑吟吟走将来道：“师父请行，那贼已被老孙剿了。”三藏道：“你十分撞祸！他虽是剪径的强徒，就是拿到官司，也不该死罪；你纵有手段，只可退他去便了，怎么就都打死？这却是无故伤人的性命，如何做得和尚？出家人‘扫地恐伤蝼蚁命，爱惜飞蛾纱罩灯’。你怎么不分皂白，一顿打死？全无一点慈悲好善之心！……”

……

三藏见他戴上帽子，就不吃干粮，却默默的念那《紧箍咒》一遍。行者叫道：“头疼！头疼！”那师父不住的又念了几遍，把个行者疼得打滚，抓破了嵌金的花帽。三藏又恐怕扯断金箍，住了口不念。不念时，他就不疼了。伸手去头上摸摸，似一条金线儿模样，紧紧的勒在上面，取不下，揪不断，已此生了根了。他就耳里取出针儿来，插入箍里，往外乱捎。三藏又恐怕他捎断了，口中又念起来。他依旧生疼，疼得竖蜻蜓，翻筋斗，耳红面赤，眼胀身麻。那师父见他这等，又不忍不舍，复住了口，他的头又不疼了。……三藏道："你今番可听我教诲了？"行者道："听教了！"——"你再可无礼了？"行者道："不敢了！"他口里虽然答应，心上还怀不善，把那针儿幌一幌，碗来粗细，望唐僧就欲下手，慌得长老口中又念了两三遍，这猴子跌倒在地，丢了铁棒，不能举手，只教："师父！我晓得了！再莫念！再莫念！"……三藏道："既如此，伏侍我上马去也。"那行者才死心塌地，抖擞精神，束一束绵布直裰，扣背马匹，收拾行李，奔西而进。

——《西游记》第十四回

材料 2：那长老忽听得喊声，回头观看，后面有二三十人，枪刀簇簇而来。便叫："徒弟啊，贼兵追至，怎生奈何！"行者道："放心！放心！老孙了他去来！"三藏勒马道："悟空，切莫伤人，只吓退他便罢。"行者那肯听信，急掣棒回首相迎道："列位那里去？"众贼骂道："秃厮无礼！还我大王的命来！"那厮们圈子阵把行者围在中间，举枪刀乱砍乱搠。这大圣把金箍棒晃一晃，碗来粗细，把那伙贼打得星落云散，汤着的就死，挽着的就亡；搕着的骨折，擦着的皮伤；乖些的跑脱几个，痴些的都见阎王！

三藏在马上，见打倒许多人，慌的放马奔西。猪八戒与沙和尚，紧随鞭镫而去。行者问那不死带伤的贼人道："那个是那杨老儿的儿子？"那贼哼哼的告道："爷爷，那穿黄的是！"行者上前，夺过刀来，把个穿黄的割下头来，血淋淋提在手中，收了铁棒，拽开云步，赶到唐僧马前，提着头道："师父，这是杨老儿的逆子，被老孙取将首级来也。"三藏见了，大惊失色，慌得跌下马来，骂道："这泼猢狲唬杀我也！快拿过！快拿过！"八戒上前，将人头一脚踢下路旁，使钉钯筑些土盖了。沙僧放下担子，搀着唐僧道："师父请起。"那长老在地下正了性，口中念起《紧箍儿咒》来，把个行者勒得耳红面赤，眼胀头昏，在地下打滚，只教："莫念！莫念！"那长老念有十馀遍，还不住口。行者翻筋斗，竖蜻蜓，疼痛难禁，只叫："师父饶我罪罢！有话便说。莫念！莫念！"三藏却才住口道："没话说，我不要你跟了，你回去罢！"行者忍疼磕头道："师父，怎的就赶我去耶？"三藏道："你这泼猴，凶恶太甚，不是个取经之人。昨日在山坡下，打死那两个贼头，我已怪你不仁。及晚了到老者之家，蒙他赐斋借宿，又蒙他开后门放我等逃了性命，虽然他的儿子不肖，与我无干，也不该就枭他首；况又杀死多人，坏了多少生命，伤了天地多少和气。屡次劝你，更无一毫善念，要你何为！——快走！快走！免得又念真言！"行者害怕，只教："莫念，莫念！我去也！"说声去，一路筋斗云，无影无踪，遂不见了。咦！这正是：心有凶狂丹不熟，神无定位道难成。

——《西游记》第五十六回

材料3:行者请唐僧坐在上首,他三人各执兵器喝道:"毛贼,你们一起有多少人?做了几年买卖?打劫了有多少东西?可曾杀伤人口?还是初犯,却是二犯,三犯?"众贼开口道:"爷爷饶命!"行者道:"莫叫唤!从实供来!"众贼道:"老爷,我们不是久惯做贼的,都是好人家子弟。只因不才,吃酒赌钱,宿娼顽耍,将父祖家业,尽花费了,一向无干,又无钱用。访知铜台府城中寇员外家资财豪富,昨日合伙,当晚乘夜雨昏黑,就去打劫。劫的有些金银服饰,在这路北下山凹里正自分赃,忽见老爷们来。内中有认得是寇员外送行的,必定身边有物;又见行李沉重,白马快走,人心不足,故又来邀截。岂知老爷有大神通法力,将我们困住。万望老爷慈悲,收去那劫的财物,饶了我的性命也!"

三藏听说是寇家劫的财物,猛然吃了一惊,慌忙站起道:"悟空,寇老员外十分好善,如何招此灾厄?"行者笑道:"只为送我们起身,那等彩帐花幢,盛张鼓乐,惊动了人眼目,所以这伙光棍就去下手他家。今又幸遇着我们,夺下他这许多金银服饰。"三藏道:"我们扰他半月,感激厚恩,无以为报,不如将此财物护送他家,却不是一件好事?"行者依言,即与八戒、沙僧,去山凹里取将那些赃物,收拾了,驮在马上。又教八戒挑了一担金银,沙僧挑着自己行李。行者欲将这伙强盗一棍尽情打死,又恐唐僧怪他伤人性命,只得将身一抖,收上毫毛。那伙贼松了手脚,爬起来,一个个落草逃生而去。这唐僧转步回身,将财物送还员外。

——《西游记》第九十七回

学会想象

——《西游记》拓展课

【教学目标】

(1) 运用辨析、创写等阅读方法,体会作品想象新奇又合情理的特点。

(2) 通过创编故事,探究《西游记》的情节结构模式,以原人物性格为依托,在主题不变的情况下,大胆想象,自己创作一个取经路上的新故事。

【教学重点】 引导学生了解想象的特点。

【教学课时】 一课时。

【教学过程】

一、导入

西游记、花果山、美猴王,看到这三个词你能想到什么?孙悟空!

明确:这种由甲事物想到乙事物的手法叫作联想。

那什么是想象呢?《西游记》一书其想象新奇,上天下地,出神入化,可以说达到了登峰造极的地步,主要表现为人物神奇、情节离奇、兵(法)器诡奇。

二、探究想象,分析特点

任务一:小组合作,探究想象之奇

预设:

(1) 人物神奇。

孙悟空会七十二变,会筋斗云,有火眼金睛。

哪吒有三头六臂,能使用六样兵器。

(2) 情节离奇。

孙悟空大战二郎神:孙悟空和二郎神赌斗变化,孙悟空变作麻雀、鱼儿、土地庙等,二郎神变作大海鹤、鱼鹰等。

大闹天宫:在八卦炉中七七四十九天炼就一副火眼金睛,虽能一个跟斗十万八千里,却跳不出如来佛手心。

(3) 兵器诡奇。

金箍棒净重一万三千五百斤,可变大,还可缩小,可藏在耳朵眼儿里。

小结:林庚称《西游记》为童心之作,是中国古典文学中最富想象力的作品之一。它是吴承恩根据《大唐西域记》《大唐大慈恩寺三藏法师传》,以唐代玄奘和尚去西天取经为蓝本想象出来的。

任务二:结合内容,分析想象之特点

预设:

(1) 孙悟空。

尖嘴缩腮,金睛火眼。头上堆苔藓,耳中生薜萝。鬓边少发多青草,颔下无须有绿莎。眉间土,鼻凹泥,十分狼狈;指头粗,手掌厚,尘垢余多。还喜得眼睛转动,喉舌声和。语言虽利便,身体莫能那。正是五百年前孙大圣,今朝难满脱天罗。

此处对孙悟空的描写,既符合猴子的特点,又具有丰富的想象。比如"尖嘴缩腮,金睛火眼"就表现出孙悟空本领高超,与一般猴子不同。"头上对苔藓,耳中生薜萝"就非常符合猴子与自然相融的特点,表现其狂野的心性。"眉间土,鼻凹泥,十分狼狈;指头粗,手掌厚,尘垢余多"表现其粗野、不经管教的样子。这一处的外形描写既突出了孙悟空的猴性,又表现出他的高超本领与桀骜不驯。

(2) 猪八戒。

猪八戒是神,是猪,还是人?他原本是天庭玉皇大帝手下的天蓬元帅(神),由于喝醉酒调戏嫦娥仙子而被玉皇大帝逐出天界,投胎到人间,没想却误投猪胎,所以生得一副猪的模样,因而也继承了猪的习性:贪吃、贪睡、懒惰等。后来经观音菩萨点化,猪八戒被唐僧收为徒弟前往西天取经。在取经途中,他的好色、自私等习性与吃苦耐劳、忠诚老实等品质又毫无保留地展现在我们面前,这些无疑是在人身上表现出来的特性。他幽默乐观、坦率可爱,却好喝懒做、贪念不断,这个优缺点并存的形象,将神、猪、人相结合,让人又爱又恨,彰显了人性的弱点。

(3) 小圣施威降大圣。

那大圣趁着机会,滚下山崖,伏在那里又变,变一座土地庙儿:大张着口,似个庙门;牙齿变做门扇,舌头变做菩萨,眼睛变做窗棂。只有尾巴不好收拾,竖在后面,变做一根旗竿。真君赶到崖下,不见打倒的鸨鸟,只有一间小庙;急睁凤眼,仔细看之,见旗竿立在后面,笑道:"是这猢狲了!他今又在那里哄我……"

大圣与二郎神智斗的过程中,两人不断变化形象,上面这段大圣变成土地庙时尾巴竖在后面变做一根旗竿的细节描写。这个细节的设计特别符合孙大圣的猴子特点,又凸显出二郎神的机敏善战,既妙趣横生又合情合理。

小结:想象是在原有的基础上进行加工改造并形成新形象的过程。它来源于真实的生活,通过几种形象的组合加工呈现出新的形象,并对这一形象赋予一定的意义和内涵。不管是人物角度还是情节角度，在进行想象时都要体现其特点，即创造性、合理性和深刻性。

三、训练想象，创写故事

任务三：小试牛刀，创写想象故事

要求：原著九九八十一难基本按照“师徒上路—寻找食物/住处—出现妖怪—与妖怪打斗—寻求帮助—战胜妖怪—重新上路”这样一个结构模式进行叙述，其不同之处在于地方、时间不同的情况下出现不同的妖怪而求助不同的神仙。可以就此展开想象，创造一个取经路上的新故事。

四、总结提升

经典总是在经历时间的喧嚣后，仍旧熠熠生辉。《西游记》这部经典之作，在后人的传承与创新中历久弥新。课外可观赏影片《大话西游》，探究影片中赋予现代气息的孙悟空与《西游记》中的孙悟空之异同，思考想象的意义。

五、板书设计

想象的特点：
- 创造性
- 合理性
- 深刻性

一部老北京人力车夫的血泪史

——《骆驼祥子》导读课

【教学目标】

(1) 根据“三起三落”梳理情节,把握线性结构。

(2) 通过祥子这一主要人物的前后变化,把握其主要形象。

(3) 以原版与英译版的结局差异为切入点,初步探讨老舍创作此小说的主旨思想。

【教学重点】 教学目标(1)、(2)。

【教学课时】 一课时。

【课前准备】 设计一份“祥子与车”的人生走势图。

【教学过程】

一、导入

(1) 猜猜他是谁?

看着那高等的车夫,他计划着怎样杀进他的腰去,好更显出他的铁扇面似的胸,与直硬的背;扭头看看自己的肩,多么宽,多么威严! 杀好了腰,再穿上肥腿的白裤,裤脚用鸡肠子带儿系住,露出那对“出号”的大脚! 是的,他无疑的可以成为最出色的车夫;傻子似的他自己笑了。

明确:祥子。

(2) 猜读题目,思考含义。

《骆驼祥子》是老舍先生在 20 世纪 30 年代创作的长篇小说,讲述了一个名叫祥子的北平人力车夫的故事。人力车夫是一个怎样的行当? 为何小说的名字是“骆驼祥子”?

明确:

① 揭示主人公的性格——像骆驼一样吃苦耐劳、勤劳、沉默、憨厚。

② 概括著作的一个主要情节——“骆驼祥子”称号的得来。

二、整体感知,任务驱动

祥子的一生可谓坎坷跌宕,三起三落。

任务一：我说祥子“三起落”

要求：同学们都初读过这本书了，祥子的梦想是什么？为了这个梦想他做过几次努力？努力最终的结果又是什么？根据自己设计的人生走势图，以第一人称“我”说说祥子的三起三落。

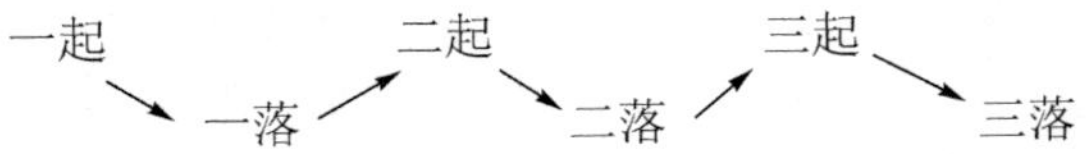

小结：祥子十八岁带着乡下的青壮与诚实来到北平，他立志要买一辆属于自己的车。

一起：来到北平当人力车夫，苦干三年，凑足一百块钱，买了辆新车。

一落：有一次连人带车被宪兵抓去当壮丁。梦想第一次破灭。

二起：卖骆驼，拼命拉车，省吃俭用攒钱准备买新车。

二落：干包月时，祥子辛苦攒的钱也被孙侦探骗去。第二次希望破灭。

三起：虎妞以低价给祥子买了邻居二强子的车，祥子又有车了。

三落：为了置办虎妞的丧事，祥子又卖掉了车。

任务二：我给祥子画肖像

要求：经历了三起三落的祥子变成了什么模样？精读相关章节，圈点勾画书中关于祥子的描写（主要是外貌描写），试着给他画一画肖像。

例：

头不很大，圆眼，肉鼻子，两条眉很短很粗，头上永远剃得发亮……他觉得，他就很像一棵树，上下没有一个地方不挺脱的。

祥子，多么体面的祥子，变成个又瘦又脏的低等车夫。脸，身体，衣服，他都不洗，头发有时候一个多月不剃一回。

他只管拉上买卖，不管别的，像一只饿疯的野兽。

走到了西城根，他加紧了脚步，一条偷吃了东西的狗似的，他溜出了西直门。

……

小结：老实、健壮、坚忍——麻木、潦倒 、狡猾、好占便宜、吃喝嫖赌、自暴自弃的行尸走肉。思考：祥子为何会有如此大的转变？

过渡：《骆驼祥子》曾经被译成俄文、日文与英文等多个版本。

任务三：我为祥子定结局

原版：

可是，连作这点事，他也不算个好手。他的黄金时代已经过去了，既没从洋车上成家立业，什么事都随着他的希望变成了“那么回事”。他那么大的个子，偏争着去打一面飞虎旗，或一对短窄的挽联；那较重的红伞与肃静牌等等，他都不肯去动。和个老人，小孩，甚于至妇女，他也会去争竞。他不肯吃一点亏。

……

体面的，要强的，好梦想的，利己的，个人的，健壮的，伟大的，祥子，不知陪着人家送了多少回殡；不知道何时何地会埋起他自己来，埋起这堕落的，自私的，不幸的，社会病胎里的产儿，个人主义的末路鬼！

英译本：

夏夜的清凉，他一面跑着，一面觉到怀抱里的身体轻轻动了一下，接着就慢慢地偎近他。她还活着，他还活着，他们现在自由了。

要求：两种版本的小说结局，你更喜欢哪一个？说出理由。

示例：原版更好。鲁迅曾经说过："悲剧，是把美好的东西毁灭给人看。"祥子的悲剧更能引起读者对生活在底层人的命运思考，有更深层的价值意义。而改版中祥子与小福子的美好结局，虽然满足了读者对主人公大团圆的结局期待，但在当时那个人吃人的黑暗社会中是不可能实现的，也违背了作者的创作意图。（观点鲜明，有理有据）

三、总结提升

老舍先生，以一个晦暗凄凉的结局，表现了那段历史中底层人民的悲惨命运，更表现了他的悲天悯人之心，无愧于"人民艺术家"的称号。究竟是谁造成了祥子的悲剧？跟祥子相关的人物对他又造成了怎样的影响？结局如何？下节课继续研讨。

四、布置作业

(1) 完成"我给祥子画肖像"的任务。

要求：根据名著中的相关描写，复现真实的祥子。

(2) 设计祥子的朋友圈，思考这些人物对祥子的影响，并选出你认为对祥子影响最大的一个人，说明理由。

五、板书设计

骆驼祥子：

三起三落

老实坚忍的一棵树——行尸走肉

旧北京人力车夫的辛酸故事

祥子悲剧谁之过?

——《骆驼祥子》推进课

【教学目标】

(1) 通过圈点批注“烟”与祥子的关系，进一步把握祥子的形象。

(2) 通过整理出祥子的朋友圈，感受人物群像对祥子的影响。

(3) 通过“祥子悲剧谁之过”的讨论，进一步深入对主题思想的理解。

【教学重点】 教学目标(1)、(3)。

【教学课时】 一课时。

【教学过程】

一、导入

一个如树一般老实、坚忍的祥子，怎么就堕落成麻木、吃喝嫖赌的行尸走肉，这样巨大的反差究竟是谁造成的？这节课深入阅读《骆驼祥子》。

二、深入探究

上节课，我们从情节的角度了解祥子命运的三起三落，这节课我们从另一角度探究祥子这个人物形象的复杂性。

任务一：“烟”与祥子

要求：学习圈点批注法，精读祥子与烟的相关章节，探究人物形象。

例1：他不吃烟，不喝酒，不赌钱，没有任何嗜好，没有家庭的累赘，只要他自己肯咬牙，事儿就没有个不成。

批注：这是祥子一开始刚到北京城的祥子，三个“不”看出他对未来充满希望和梦想，此时的他对烟酒等是绝缘的态度。

例2：烟，酒，现在仿佛对他有种特别的诱力，他觉得这两样东西是花钱不多，而必定足以安慰他；使他依然能往前苦奔，而同时能忘了过去的苦痛。

批注：这是祥子在自己苦挣了三年得到的车被大兵掳去后，自己心中对烟酒的感觉。此时烟酒对他有了一种“特别的诱力”，一个“苦”字诉尽了世道对他的不公！同时，这也为后文祥子的转变埋下伏笔。

例3：祥子本不吸烟，这次好似不能拒绝，拿了支烟放在唇间吧唧着。

例4：越想越恨，泪被怒火截住，他狠狠地吸那支烟，越不爱吸越偏要吸。把烟吸完，手捧着头，口中与心中都发辣，要狂喊一阵，把心中的血都喷出来才痛快。

例5：口中叼着个由路上拾来的烟卷头儿，有气无力地慢慢地蹭……没管打锣的说了什么，他留神地在地上找，看有没有值得拾起来的烟头儿。

通过教师示例，学生自己发现做批注的方法，并举一反三加以运用。

明确：批注可以从情节内容、结构、语言、写作手法的角度提出自己的见解，也可以展开联想、想象，或写出心得体会，提出自己的见解。（见教材“名著导读”）

小组合作完成其他三个例子。

过渡：除了祥子这一命途多舛的拉车夫形象之外，小说还为我们塑造了许多栩栩如生的人物。他们与祥子存在着千丝万缕的关联，他们的命运与祥子的命运相互交织着。

任务二：“他们”与祥子

要求：评价所绘制的“祥子朋友圈”，探究次要人物对主人公的作用。

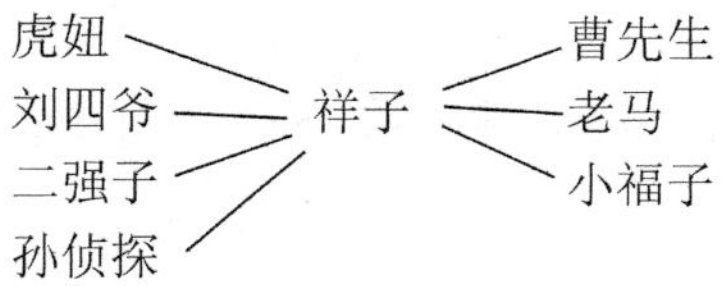

比如：虎妞，车厂老板刘四爷的女儿，三十七八岁，她长得虎头虎脑，外表丑陋。她在书中是一个有些矛盾的人物，一方面她是一个财主的女儿，可是另一方面她又是一个车夫的妻子。她待人泼辣，想在祥子身上找回被自私父亲剥夺的青春。她对祥子的影响是想摆布祥子，让其失去自我，后来因难产而死，使得祥子不得不卖车安葬，促使祥子走向堕落。

过渡：在这张人际关系网中，我们看到祥子的堕落，不仅仅是他个人的原因，还有社会的原因。

任务三：“野兽”与祥子

“人把自己从野兽中提拔出，可是到现在人还把自己的同类驱逐到野兽里去。”祥子最终成了一个行尸走肉一般的个人主义的末路鬼。有人说，祥子是被他周围的人驱赶到野兽里去的。

还有人说，祥子是自己把自己驱赶到野兽里去的。究竟是谁造成了祥子的悲剧？请你任选一个角度，找出依据，言之成理。

明确：

社会因素：黑暗的社会环境逼迫祥子走向绝路。比如：大兵抢他、孙侦探骗他、虎妞逼她、刘四爷压榨他，等等。这些人以不同的方式影响或者阻挡了祥子追逐梦想的脚步，展现了当时人吃人的黑暗社会现实，反映了一个不让好人有出路的社会。

个人因素：祥子没有坚定的立场，自私，固执，个人主义观念特别强，他虽然进了城，可思维方式和行为准则还停留在乡村，停留在自给自足的农耕社会。对商业行为与现代文明，他是不信任、充满怀疑的。他的自私、固执、个人主义等性格决定了他走向堕落的命运。

三、总结提升

本节课我们从烟这个角度深度探究了祥子的形象，并从祥子的朋友圈进一步探究了对祥子产生影响的人及他们的命运。的确，一个人不可能脱离社会独自存在，祥子的悲剧既有个人的因素更有社会的因素，这可能是作家想表达的深层内涵。

四、布置作业

(1) 以本节课所学的方法，尝试从另一个角度再次深度探究祥子的形象，试着写一篇小论文。

比如：可圈点勾画出祥子的心理活动，每一次祥子的命运在发生转变时的环境描写等，在书旁做批注。

(2) 给祥子写小传。

示例：祥子来自农村，他老实、健壮、坚忍、自尊好强、吃苦耐劳，凭自己的力气挣饭吃。经历了三起三落后，祥子已经对生活失去了信心，从一个诚实可爱的青年变成了麻木、潦倒、狡猾、好占便宜、吃喝嫖赌、自暴自弃的行尸走肉。祥子是旧社会贫苦劳动人民的缩影，是旧社会劳动人民生活苦难与无奈的代表。

五、板书设计

骆驼祥子 {
- 烟酒的诱惑力
- 朋友圈的影响力
- 命运悲剧的深刻力

} 不让好人有出路

阅读方法：圈点批注法

谁在掌控命运?
——《骆驼祥子》拓展课

【教学目标】

(1) 从时代环境、创业方式与婚姻伴侣三个维度进行对比研读,进一步探究人物形象背后的深刻性。

(2) 以"创业"的主题关联两本名著,从宏观的层面比同较异研读整本书。

(3) 从一本书的阅读迁移到另一本书,完成《创业史》这本推荐名著的略读。

【教学重点】 教学目标(1)、(2)。

【教学过程】

一、导入

祥子和梁生宝,同样的创业青年,一个是旧社会的人力车夫,一个是新社会的朴实农民。同是白手起家,同样有着自己的理想,一个想通过自力更生换来幸福生活,一个想用汗水建设社会主义国家。然而一个被历史淹没,沦为"城市垃圾";另一个却勇立潮头,创业成功,成为新社会的英雄。这背后的原因是什么?他们的创业有什么不同呢?

二、对比研读

任务一:不同的时代,不同的命运

(1) 学生概括祥子生活的时代背景,跳读书中体现社会背景的句段,深入体会。

例:一停住,他们的汗在背上结成了冰。遇上风,他们一步也不能抬,而生生的要曳着车走;风从上面砸下来,他们要把头低到胸口里去;风从下面来,他们的脚便找不着了地;风从前面来,手一扬就要放风筝;风从后面来,他们没法管束住车与自己。但是他们设尽了方法,用尽了力气,死曳活曳得把车拉到了地方,为几个铜子得破出一条命。

批注:生活在底层的车夫,生活异常艰苦,不管是自然环境还是社会环境,随时把他们推向死亡的边缘。"破"字非常准确地表达了车夫们命运的悲惨,以及黑暗社会的吃人本质。

小组合作,再从文中找两处批注。

明确:他想通过自己辛苦拉车买到一辆属于自己的车,但吃人的社会不给他活路，每每在实现理想的时刻，总会因这样或那样的原因又失去车。不但如此，吃人的社会还一口一口地吞食他的希望，最终吃掉了他的心。像祥子这样的底层劳动者只能接受悲惨的命运安排，在深陷的泥土中活活深埋。

祥子：生活在旧社会——人吃人。

(2) 而梁生宝呢？他生活在一个怎样的时代？

老师推荐《创业史》，介绍写作背景及故事梗概。

梁生宝在梁三没有成功创立家业的背景下，正逢好时代——共产党让农民翻身做主人。他响应政府号召，带领贫雇农成立互助组，又办合作社，不仅能够温饱而且还有余粮交给国家，真正创起了大家业。

根据祥子所拟的小标题，请你给梁生宝生活的时代做个提炼。

明确：梁生宝：生活在新社会——助力有梦想的人(意近即可)。

两个上进的青年，因为生活在不同的时代，有着不一样的命运。时代造就人，人不能脱离社会而存在。

任务二：不同的创业方式，不同的命运

(1) 呈现几位学生所画的祥子人生走势图，从创业方式探究其悲剧命运。

明确：他总是一个人默默地踏实地拉车，他老实、坚忍、能够吃苦，一步一个脚印踏实挣钱，为了实现自己买车的梦想。然而，总是一个人的他，以一种个人利己主义的思想，在一次又一次的命运打击中逐渐消磨了斗志，最终沦为行尸走肉被社会吞没。

祥子：个人的独自打拼。

梁生宝与他有何不同？自读【梗概部分】思考。

明确：他与贫雇农互助合作，把自己当成底层群众的公仆，他厚道、仗义、克己利人、心胸开阔，办任何事情都以“公”字为先，为底层大众的利益着想，真心实意地为大众谋福利，最终获得大众的信任与拥护，最终挑起新事业的大梁。

梁生宝：合作成就梦想。

小结：这也是当代社会的不二法宝，只有合作群行方可走得更远。梁生宝的奋斗和他互助创业之路的选择也源于他善良的天性与自尊的需要的统一。

任务三：不同的爱情观，不同的命运

(1) 结合祥子的朋友圈，思考虎妞对祥子的影响。

明确：虎妞是导致祥子悲剧的原因之一。祥子曾经对爱情有美好的期待：和一个清清白白的姑娘结婚，过上拥有车的小日子。可是虎妞欺骗了他，知道中了圈套后，祥子一度对虎妞满腔仇恨、厌恶，而后逃避，却恰巧因为被孙侦探骗走了买车的钱而妥协，与虎妞成婚。与虎妞生活的日子，虎妞原有的小资产阶级享

乐作风让祥子很不适应，但在与其朝夕相处中，祥子逐渐失去自我，直到虎妞难产而死，又不得已卖掉刚买不久的车子，最终一无所有走向悲剧的命运。即使最后遇见的小福子，也因为祥子当时的逃避而失望地走向自杀的悲剧命运。这最后一根希望的稻草破灭后，祥子过上了行尸走肉般的生活。正所谓，道不同，不相为谋，虎妞骗婚加上祥子的妥协，注定了悲剧的结局。

祥子：在压迫与被骗中妥协。

（2）梁生宝的爱情伴侣是谁？在他实现创业梦想的过程中，这位伴侣给了他怎样的影响呢？跳读相关章节完成任务。

明确：他虽然真心喜欢徐改霞，但是一听到改霞要去当工人，就马上断了情丝，他无视心爱女人的离去，而执着地走在合作化的路上。而他对刘淑良的第一印象是“个子高、身体结实、劳动好”，她朴素而简单，与梁生宝一样都是曾被城市抛弃的人。共同的经历，加上志同道合的志趣，两位互助组的带头人一起干合作社事业。刘淑良无疑促进了梁生宝创业的成功。

三、总结提升

同为创业者，创业结果却截然不同。你能得到怎样的启发？

学生总结：个人的命运总是受着时代潮流的影响。像祥子这样的小人物，他独自在吃人的社会中打拼，如一叶小舟在海上孤单地漂泊。他的创业梦想最终只能被社会所吞没。梁生宝也是小人物，可是他生活在新社会，以合作的理念最终实现梦想。命运掌握在自己手中，然而又不仅仅是这样。

四、布置作业

（1）跳读《创业史》关于梁生宝的爱情伴侣的相关章节，完成课上任务。

（2）以“谁在掌控命运”为题，写一篇小论文。

五、板书设计

对比阅读

《骆驼祥子》　　《创业史》

关于“创业”

	《骆驼祥子》	《创业史》
1. 时代环境：	旧社会人吃人	新时代助力梦想
2. 创业方式：	独自打拼	合作成就
3. 婚姻伴侣：	不相为谋	志趣相投

未知的航行

——《海底两万里》导读课

【教学目标】

(1) 利用目录,浏览结合跳读的方式做读书笔记,概述每章节内容,掌握故事情节。

(2) 结合故事情节,尝试绘制航行路线。

(3) 学习快速阅读的方法阅读小说。

【教学重点】 教学目标(1)、(2)。

【课前准备】 初读《海底两万里》,课前结合名著里的描绘,尝试绘制潜水艇简易图,标明各部分名称和功能,并且写简介。

【教学课时】 一课时。

【教学过程】

一、导入

读目录:今天我们要读凡尔纳的《海底两万里》,读书之前,让我们一起读一读这部书的目录,看看我们能发现些什么?能针对目录提的问题是什么?

一些发现:

(1) 目录里提到了一些人和物体名:尼德·兰、"鹦鹉螺号"、尼摩船长。

(2) 目录里提到了许多地点:海底平原、海底森林、太平洋下 4000 里、瓦尼可罗群岛、托雷斯海峡、珊瑚王国、印度洋红海、阿拉伯隧道、希腊群岛、地中海上的 48 小时、维哥湾、失踪的大陆、海底煤矿、大冰盖、南极、从合恩角到亚马孙河、墨西哥湾、北纬 47 度 24 分。

一些疑问:

(1) 尼德·兰、尼摩船长他们是谁,都是做什么的?"鹦鹉螺号"是什么呢?

(2) 题目是《海底两万里》,我们在目录里发现的地点就是行程路线吗?这次航行的目的是什么?

二、整体感知,任务驱动

任务一:快速阅读,筛选信息

要求:快速阅读第四章《尼德·兰》和第十一章《鹦鹉螺号》,根据问题筛选信息。

（1）快速阅读。

【阅读方法指导——快速阅读】

快速阅读法，要求阅读要有一定的速度。它将被阅读的文字以“组”为单位进行整体阅读，而“组”内所包含的往往是一行、多行甚至整页内容，是一种能够让人从文字中迅速接收信息的阅读法。

小结：同学们开始阅读《海底两万里》时，看到那些多样的海洋生物、繁杂的生物分类、陌生的地理名词、专业的器械零件、艰深的科学知识，难免会有“眼花缭乱”之感，不妨暂时跳过去，回头再根据需要和个人兴趣补充阅读。

（2）交流感受，筛选信息。

例如：尼德·兰是个脾气古怪的人，阿龙纳斯很博学，“鹦鹉螺号”好像百宝箱……

明确：

① 尼德·兰是个加拿大捕鲸大王，他性格古怪，脾气暴躁。

② “鹦鹉螺号”是一艘潜水艇，它功能齐全，居然全部用电，艇上有一间科学宝库般的图书馆可以看书、吸海草做成的雪茄；有宽敞堂皇的大客厅，满是艺术品和自然界的稀有珍品。“鹦鹉螺号”的船长是尼摩。

③ 小说中的“我”阿龙纳斯是一名随船的教授，并且“我”推论海中的神秘动物应属于脊椎动物门，哺乳动物纲，鱼目，即鲸鱼类动物。至于它属于哪个属，应归于哪个种，要等抓到它才能知道。

任务二：图说故事，记录日记

（1）先绘制一幅简易的世界地图，在此基础上再绘制“鹦鹉螺号”潜艇的航行路线图，标好主要的时间、地点。

明确：简要的航行路线：太平洋—【经托雷斯海峡】—印度洋—【经锡兰采珠场】—红海—【经苏伊士地下水道】——地中海—【经直布罗陀海峡】—大西洋—南极海域（或“南冰洋”）—【到达极点】—大西洋—北冰洋（挪威海岸附近的罗弗敦群岛附近的海域）。

（2）从小说中选择某几个关键的时间、地点，再结合小说的内容，以航海日记的形式记录故事梗概，最后对照航行路线图，有条理地把故事讲给小伙伴听。

要求：遵循平常日记的格式，其中必须记下当天的天气、海面状况、航船情况。

三、总结提升

追随着“鹦鹉螺号”的航行路线，我们一起行走在世界地图上，这条潜艇上的人们究竟经历了哪些有趣的故事？我们下节课继续探讨。

四、布置作业

(1) 课下继续完成图说故事的任务，每人至少完成三个故事内容的叙述。

(2) 结合名著里的描绘，尝试绘制潜水艇简易图，标明各部分名称和功能，并且写简介。

五、板书设计

目录导航——质疑问题
快速阅读——整体阅读
根据问题，筛选信息

“鹦鹉螺号”上的那些人
——《海底两万里》推进课

【教学目标】

(1) 利用拍摄微视频的方法,快速阅读相关章节,理解人物形象。

(2) 利用绘制的潜水艇简易图,感受著作神奇的“科学预言”。

(3) 了解作者其人及著作创作背景。

【教学重点】 教学目标(1)。

【教学课时】 一课时。

【教学过程】

一、导入

小小航行者们,上节课后,你们都整理完成了自己的“航海日记”,在你的日记中,一定也记录了那些在“鹦鹉螺号”上与你同行的伙伴,他们都是谁?还有那艘神秘的潜艇,它是什么样的呢?

二、深入探究

任务一:前行的工具“鹦鹉螺号”

(1) 分享、交流绘制的潜水艇简易图。

明确:“鹦鹉螺号”为长70米、宽8米的细长纺锤形潜艇,航行性能极好,最高航速可达50海里每小时。潜艇的驱动完全靠电力供给,而电力则是由海底煤矿燃烧而提取海水中含有的氯化钠,将钠与汞混合,组成一种用来替代本生蓄电池单元中锌元素的合金,再转化成电后取得的,储存在伏打电池堆里。内部有巨大的压缩空气储存柜,因此可以连续在海底潜行数天而不需浮上海面。船的武器是船头的钢铁冲角,凭着船自身的高速和坚固外壳,冲角的威力十分巨大。

它完全不需要陆地的补给,可以无限期地在海上航行,船上的食物全部为鱼类、海藻等,能源和船员的生活必需品都来自于大海,船的内部很宽敞舒适,甚至还有博物馆和图书馆!

(2) 尝试简单比较“鹦鹉螺号”和今天的潜水艇有什么异同。

明确:① 同:都是潜艇;② 异:外形不一样,现代潜艇是水滴形,“鹦鹉螺号”是圆柱形、头部是圆锥形;动力不一样。

任务二:“鹦鹉螺号”上的同行者

为你喜欢的人物拍一段微视频吧,选定著作中的精彩段落作为拍摄素材进行创作,并且附注文字陈述。(运用人物刻画的方法,品读著作中的人物形象)

例1:海里环境十分平和,大海不属于独裁者。在海面上,独裁者们还可以运用极其不公平的权力,他们可以在海上相互争斗、厮杀,把陆地上的种种暴行带到海上来。但是,在海面以下30尺的地方,他们的权力就使不上了,他们的影响也就消失了,他们的威势便荡然无存了!

这是果敢的尼摩船长发出的对权力者的反抗,他不愿被压迫,向往自由。

教师追问引导,学生深入探究。

(1) 凡尔纳为什么会创造“尼摩船长”?(介绍小说创作背景)

明确:凡尔纳创作《海底两万里》这部小说,灵感源于当时波兰人民的起义遭到了无情镇压的历史事件。凡尔纳在小说中塑造了尼摩船长这个反对沙皇专制统治的高大形象,赋予其强烈的社会责任感和人道主义精神,以此来表达对现实的批判和对被压迫人民的支持和同情。

(2) 认识作者。

凡尔纳很伟大,他创造了尼摩,创造了《海底两万里》,他是19世纪法国著名科幻和探险小说家,现代科幻小说的重要奠基人,被誉为“现代科学幻想小说之父”,主要作品有《格兰特船长的儿女》《海底两万里》《神秘岛》《八十天环游地球》等。

例2:“当然是对的,康塞尔。不过,”我问道,“你说说,你是不是已经对这些漂亮的海洋动物进行分类了?”

“先生很清楚,”康塞尔回答道,“在实践方面我不太内行。先生如果能告诉我这些动物的名字的话……”

“这是一些海豹和海象。”

“这两种动物都属于鳍脚科,”博学的康塞尔急不可耐地接过话头说,“食肉目,趾甲群,单子宫动物亚纲,哺乳动物纲,脊椎动物门。”

“很对,康塞尔,”我夸赞道,“但海豹和海象这两种动物,如果我没弄错的话,又分别分成好几个种。我们将有机会在这里看到这些种的。走吧。”

这是阿龙纳斯和康塞尔登陆南极岛时的对话,一个是博学且富有探索精神的学究,一个是精通分类理论,遇到什么总是认认真真把它们分类,但是对那些东西的名字却一无所知的忠心仆人。

例3:尼德·兰难以抑制自己那兴奋激越的心情,犹如一个越狱犯,根本就没去想还要回到艇上来的事。

“有肉吃了!”他反复地叫嚷道,“我们很快就要吃上肉了!太好了!真正的野味呀！哎，就是缺点面包！我并没说鱼不好吃，但也不能老吃鱼呀！一块新鲜野猪肉，放在火上这么一烤，那个味道可就大不相同了！"

尼德·兰的真性情，他爱吃肉，是个比较原始的，野性十足的捕鲸手。他性情火暴，受不了被监禁，总是计划逃脱。

学生活动：分小组继续探究，结合小说里的人物刻画以及故事情节理解人物形象。

小结：这艘神秘的潜艇载着性格温和、心地善良、博古通今且富有探索精神的生物学家阿龙纳斯；性情忧郁、知识渊博、遇事冷静，关注被压迫人民的尼摩船长；年轻健壮、规矩热情忠实的仆人康塞尔；还有野性十足的鱼叉手尼德·兰。他们乘坐着"鹦鹉螺号"穿梭在深海，带我们探索许多海底的奥秘，领略我们不曾见过的美丽景象。

三、总结提升

今天我们继续乘坐着这样一艘神奇的潜艇和一群有趣的人遨游在未知的世界里。结伴而行的时间里，我们越来越熟悉身边的同行者；结伴而行的时间里，我们越来越多地探索了那个世界；结伴而行的时间里，我们还可以做很多很多……

四、布置作业

（1）根据作品内容，以最后返回陆地的法国博物学者阿龙纳斯的身份，给一个亲密的朋友写一封信，向他介绍尼摩船长其人。

（2）小组合作探究《海底两万里》里的科学奥秘，形成陈述稿和PPT。

五、板书设计

"鹦鹉螺号"上的那些人
- 性格温和、富有探索精神——阿龙纳斯
- 性情忧郁、遇事冷静，关注被压迫人民——尼摩船长
- 年轻健壮、规矩热情忠实——康塞尔
- 野性十足——尼德·兰

科学探究不止两万里

——《海底两万里》拓展课

【教学目标】

(1) 将尼摩船长和《三体》中的人物进行对比研读，进一步探究人物形象的深刻性。

(2) 读《海底两万里》中的科学奥秘，感受著作神奇的“科学预言”。

(3) 从一本书的阅读迁移到另一本书，了解科幻小说的文体特点。

【教学重点】 教学目标(1)、(3)。

【教学课时】 一课时。

【教学过程】

一、导入

“哦，你好啊，阿龙纳斯，让我们看看你眼中的‘尼摩船长’究竟是什么样的吧？”(选读上节课优秀作业1)

这就是残暴复仇者尼摩船长，有博爱之心的尼摩船长，有正义感的反抗英雄尼摩船长，痛恨民族压迫和殖民主义的尼摩船长！

二、深入探究

任务一：同为反抗者

刘慈欣的《三体》也带着我们认识了一些人，叶文洁、汪淼、罗辑、云天明、程心……你认为《三体》中哪个人物和尼摩船长最像？说说你的理由。

明确：

① 对人性失去信心。

尼摩船长：因痛恨民族压迫和殖民主义而反抗，反抗失败后便选择了归隐大海。他认为在海面上暴君们能行使不公平的权力，但在海底他们的权力就不起作用了，所以他领着和他有着同样思想的人在海底同行。

叶文洁：她的物理学家父亲因坚持不肯向非理性的狂热屈服而被批斗致死，在那个极端年代里的悲惨遭遇，使善良而温和的她对人性失去信心；当她与外太空的另一种生命三体人发生联系时，她渴望通过信号把其引到地球，想借外星人的力量来引导人类更好地去发展，所以她成为地球三体组织的领导者。

罗辑：人类对待他的态度反复变化，他看透人性，坦然接受人类的要求，把控制权给程心的时候，他也已经预料到了最坏的结果，只是他也无能为力，他对人类失望了，他已经尽了自己最大的责任，地球接下来会是怎么样的，他也已经无所谓了。

② 同为学者。

尼摩船长：他在海底创建了自己的国家，利用所知发明制造了"鹦鹉螺号"，在潜艇里用电，利用大海资源制造生活用品。

汪淼：物理学教授，他领导研究的纳米材料为地球防卫军获得 ETO（地球三体组织）情报提供了技术支持。

叶文洁：利用在天体物理学上的非凡成就，得以与三体生命发生联系。

罗辑：第一次和叶文洁对话是探讨宇宙问题，之后还创造了宇宙社会学，在人类发射器被三体毁坏时，他发明了发射器又一次拯救了人类。

③ 同有博爱之心。

尼摩船长：他请求阿龙纳斯教授为伤势严重的部下治疗；面对水手的死，尼摩甚至情绪激动地流下了眼泪，并且为他举行了庄严隆重的珊瑚王国的葬礼；看到印度采珠人被鲨鱼袭击，他"奋不顾身地站了起来，拿着匕首直朝大鲨鱼冲去，和鲨鱼进行肉搏"，还慷慨地送给采珠人一袋珍珠维持生计。他定期地将装有金银财宝的箱子交给固定的联系人，为殖民地人民的反抗斗争提供物质援助。

程心：在面对危机时，她不会发出坐标毁灭三体世界，败给了无爱的三体人；在人类危机时，她愿意无偿贡献自己所有的恒星给人类生存。

④ 同样冷漠残酷、不近人情。

尼摩船长：他将暴力强加于人，把阿龙纳斯一行囚禁起来，强迫他们睡觉，并且强制他们永留在"鹦鹉螺号"上；他展开海上复仇计划，领导船员击沉了一艘又一艘战舰；他亲手制造了一场大屠杀，并且亲眼看着战舰爆炸，上面的受难者一个一个地沉到海底。

章北海：他为了保存人类最后的火种可以不惜毁灭同行者，却因在最后一刻犹豫了半秒，最终沦为同类的盘中餐。

罗辑：从面壁者到执剑人，62 年的执剑生涯将他蚀刻成一名冷峻的守护者，历经沧桑看破生死，晚年则俨然成了隐世智者。

小结：尼摩船长是善与恶的集合，我们读完《海底两万里》后，也和阿龙纳斯一样，希望尼摩船长的那艘动力强大的潜艇能够战胜海洋中最可怕的大旋流；希望仇恨能在他的心中消逝；希望他作为学者继续在海底进行他的探索研究……

任务二：《海底两万里》中的科学奥秘

法国元帅利奥台曾说过这样一句话："现代科学只不过是将凡尔纳的预言付

诸实现的过程而已。"《海底两万里》中都有哪些科学奥秘？

明确：

① 大海不仅为人们提供维持生命的食物，还提供各类日常生活用品：贝壳类的足丝可以织成衣服，海洋植物可以提取香水，柔和的大叶藻可以铺床，鲸须可以做成笔，就连抽的雪茄烟也可以由含有丰富尼古丁的海带制成。

② 在凡尔纳所处的时代，人们并未发明出可以遨游海底的潜水艇，连电灯都尚未出现，这一切都在《海底两万里》中实现。在小说发表 25 年后，人们制造出了真实的潜水艇，竟然与小说中的描述大同小异。

③ 用空气压缩的枪发射带电的子弹即现在的电击枪，还有电能以及完善的潜水设备……

任务三：我们眼中的"科幻小说"

科幻小说的特点：① 科学性和预见性；② 想象力；③ 文学色彩和人文情怀。

我们读完的《海底两万里》和《三体》有这样的特点吗？

明确：

① 科学性和预见性。

《海底两万里》：它有两个船壳，一为内层船壳，另一为外层船壳，两者用 T 形铁相连，无比坚固。由于这种蜂窝状的布局，它就能抵御撞击好似一块实心的铁块船壳板也不会受影响。它这样坚固，我们就不用怀疑为啥它不怕海水冲击和其他船只的撞击了。

分析：《海底两万里》这里介绍了"鹦鹉螺号"的构造，能体现物理知识的运用，还有前面我们探究的书中的科学奥秘都是很好的体现。

《三体》中提到"量子纠缠"的概念，之后世界首台光量子计算机在中国诞生；《三体》中不断出现的"冬眠"是人们正在探索的人体冷冻技术。

② 想象力。

《海底两万里》：海底的色彩变化极为细腻，若是看百米开外，天青色就略呈蓝色，显得幽暗、模糊。周身的海水类似空气，比地面的大气密度更高，但几乎一样透明。我发现上方的海面波平浪静。

分析：凡尔纳写《海底两万里》这部小说的时候，不像现在科技发达，可以亲自到海底去看看，但是他描写的就像他亲眼看到了一样。这段话对海底景物写得多么细腻，就好像身临其境一样，这说明科幻小说家必须有丰富的想象力。

刘慈欣脑洞大开，在《三体：黑暗森林》里，罗辑醒来后看到了一个全新的世界，人民生活在高科技的环境里，作战时开着飞船。

③ 文学色彩和人文情怀。

《海底两万里》五个紧张的历险情节，激起我们的阅读兴趣，正是文学色彩的体现；尼摩船长是残暴复仇者，也是有博爱之心的船长，是有正义感的反抗英雄，也是痛恨民族压迫和殖民主义的正义化身，这些都是人文情怀的体现。

《三体》中提到三体人交流方式是“大脑将思维方式显示出来”，三体人好像年少的我们不会撒谎，努力生存，这里是对人类撒谎、虚伪人性的鞭打；小说中人类对待罗辑的态度不断变化，可以说是“好了伤疤忘了疼”甚至是“忘恩负义”的，这些都是对人类的鞭笞；三体人无所不能，却在看到人类的电影后觉得有趣，努力学习拍电影，最后智子离开地球时的告别，都是人文情怀的体现。

三、总结提升

从“海底两万里”到“三体”世界，我们的阅读之行结束了，但是热爱科学的你们对科学的探索不会止步于此。课后我们可以继续阅读凡尔纳的其他科幻作品或者研读刘慈欣的《三体》，继续我们的科学探究之旅。

四、布置作业

(1) 推荐阅读《格兰特船长的儿女》《神秘岛》《三体》。

(2) 发挥自己的想象，选择与你生活相关的事物，尝试写一篇科幻作文。

五、板书设计

科学性和预见性 科幻小说	阿龙纳斯 想象力 文学色彩和人文情怀

探寻“红色”

——《红星照耀中国》导读课

【教学目标】

(1) 产生阅读兴趣,理解作者采访的心理动因。

(2) 理清内容架构,产生阅读期待。

(3) 掌握简单的阅读方法,拟订阅读计划。

【课时安排】 一课时。

【教学过程】

一、激发阅读兴趣

有这样一张照片:五角星、八角帽,这是毛泽东广为流传的一张照片,你知道这是谁拍摄的吗? 你知道照片背后有着多少故事吗?

有这样一个记者:他冲破国民党严密的封锁线,深入“土匪聚集的地方”,进行四个多月的实地考察。他手中有14本密密麻麻的笔记本、30卷胶卷,他是第一个向世界报道了红军长征消息的记者。

有这样一段友谊:他,一位新中国宏基伟业的缔造者;他,一位美利坚胸怀正义的记者。两人在炮火隆隆的战争岁月中一见如故,进而结成长达35载的真挚友谊。

小结:1936年6月,美国著名记者埃德加·斯诺访问陕甘宁边区,写了大量通讯报道,成为第一个采访红区的西方记者。

二、激活阅读期待

(1) 浏览封面、作者简介、前言、第一篇及后序,然后交流。

① 你眼中的斯诺是什么样的人?

② 斯诺为什么“义无反顾地决定这次冒险”?

(2) 调动自身所知,理解“冒险”的含义。

说一说斯诺进入“红色大门”之前遇到了哪些“险”,是如何化险为夷的? 理解斯诺“冒险”的非同寻常的意义。

三、激励阅读欲望

(1) 猜读。

假如你是一位新闻记者,深入陕北后,你最想了解的事是什么? 最想采访的人是谁？

学生在前言及目录页的空白处，以旁批的形式，列一个采访提纲，师生交流提纲所涉及的问题，教师指导做好分类以便于学生在后面的阅读时能针对问题做检视阅读。教师以前言及第一篇中可供采访的话题为内容，教学生做相应的梳理，以让学生产生检视阅读的欲望。

（2）略读。

① 自读第一篇《探寻红色中国》，采用思维导图的方式将斯诺从北平至陕北的路线图画出来，看谁画得最翔实。

② 学生展示思维导图，师生对思维导图做内容上的补充与说明，尽可能还原斯诺的行踪。

（3）览读。

① 浏览目录，说一说这本书主要写了哪几方面的内容。

明确：红军、共产党、苏维埃政权。

② 找出描写红军的地方。

明确：造反者，贺龙二三事，红军旅伴，苏维埃掌权人物，一个共产党员的由来，彭德怀印象，为什么当红军，红色窑工徐海东，“红小鬼”，关于朱德。

四、制订阅读计划

阅读计划表可参考表1。

表1　阅读计划表

阶段	任务	要求
第一阶段	阅读全书	边读边画，寻找谜底
第二阶段	专题探究 1. 领袖人物和红军将领的革命之路 2. 关于长征 3. 信仰与精神 完成“名著阅读”手抄报	例：关于长征 1. 画出红军的长征路线图，依次写下时间、重要事件 2. 了解红军长征的起因、经过、结果 3. 探讨长征胜利的根本原因、意义
第三阶段	举行读书汇报会	1. 手抄报展示 2. 选择一个主题发言： ① 我最喜欢（敬佩）的红军；② 我心中的长征；③ 我所了解的苏维埃；④ 中国共产党人的革命信仰；⑤ 探究纪实作品的艺术魅力 3. 写一篇读后感

“大”话长征

——《红星照耀中国》推进课

【教学目标】

(1) 了解长征原因。

(2) 讲述长征故事。

(3) 颂扬长征精神。

【课时安排】 一课时。

【教学过程】

一、导入

以毛泽东的诗《七律·长征》导入，请学生在《红星照耀中国》中找到对应章节。

PPT 呈现：

红军不怕远征难，万水千山只等闲。
五岭逶迤腾细浪，乌蒙磅礴走泥丸。
金沙水拍云崖暖，大渡桥横铁索寒。
更喜岷山千里雪，三军过后尽开颜。

明确：第五篇《长征》中的第三章《大渡河英雄》和第四章《过大草地》。

二、寻长征原因

请同学们阅读选文，概括红军长征的原因。

PPT 呈现：

南京方面当时认为它的歼灭战快要成功。敌人已陷入重围，无法脱身。除了在国民党收复的地区进行“清剿”以外，每天还从空中进行轰炸和扫射，消灭的农民当有千千万万。据周恩来说，红军本身在这次围困中死伤超过六万人，平民的牺牲是惊人的。整块整块的地方被清除了人口，所采取办法有时是强迫集体迁移，有时更加干脆地集体处决。国民党自己估计，在收复江西苏区的过程中，杀死或饿死的人有一百万。

尽管如此，第五次战役仍没有定局。它没有能达到消灭红军的“有生力量”这个预期目标。红军在瑞金举行了一次军事会议，决定撤出，把红军主力转移到一个新根据地去。这次大远征为期达整整一年，计划周密，很有效能，这种军事天才是红军在采取及攻势阶段所不曾显过身手的。因为指挥胜利进军是一回事，而在如今已尽人皆知的西北长征中那样的困难条件下，胜利完成撤退计划又是另外一回事。

明确：保存革命力量，进行战略转移；避开敌人主力，择机再杀回来；遵义会议重新确定了毛泽东对军队的领导权；陕北尚存根据地，以北上抗日为号召，成功保存了革命火种。

小结：从某种意义上说，长征是红军不得不进行的战略撤退，所以毛泽东才会说，长征是宣言书、长征是宣传队、长征是播种机。

三、画长征路线图

（1）小组交流预习过程中画出的长征路线图，选择最符合的一张。

（2）在路线图上标注举国大迁移、强渡大渡河、飞夺泸定桥、爬雪山、过草地五个故事发生的地点。

四、讲长征故事

（1）请同学们按小组分类，分别讲一讲红军长征中的故事。

要求：先阅读《红星照耀中国》（青少版）（人民文学出版社 2017 年版）第 184～201 页的内容，然后分成五个小组，分别讲述举国大迁移、强渡大渡河、飞夺泸定桥、爬雪山、过草地等故事。

（2）红军在长征中经历了哪些困难？

明确：环境恶劣；食物短缺；时间紧迫；后有追兵，前有堵截；部分少数民族的侵扰等。

小结：红军长征历时一年，这是惊心动魄的一年，是经历重重困难的一年，是悲壮的一年，是载入中国史册的一年。

五、探长征精神

圈点长征数据，说说长征精神。

PPT 呈现：

长征的统计数字是触目惊心的。几乎平均每天就有一次遭遇战，发生在路上某个地方，总共有十五个整天用在打大决战上。路上一共三百六十八天，有二百三十五天用在白天行军上，十八天用在夜间行军上。息下来的一百天——其中有许多天打遭遇战——有五十六天在四川西北，因此总长五千英里的路上只休息了四十四天，平均每走一百一十四英里休息一次。平均每天行军七十一华里，即近二十四英里，一支大军和它的辎重要在一个地球上最险峻的地带保持这样的平均速度，可以说近乎奇迹。

红军一共爬过十八条山脉，其中五条是终年盖雪的，渡过二十四条河流，经过十二个省份，占领过六十二座大小城市，突破十个地方军阀军队的包围，此外还打败、躲过或胜过派来追击他们的中央军各部队。他们开进和顺利地穿过六个不同的少数民族地区，有些地方是中国军队几十年所没有去过的地方。

小结：长征精神就是百折不挠、自强不息的精神，一往无前、所向无敌的精神，万众一心、团结拼搏的精神。

六、红星论坛

论题：长征精神的现实意义。

要求：① 发言逻辑清晰；② 结合书中具体文段；③ 结合生活实际。

七、总结提升

今天，我们通过对《红星照耀中国》这部书中“长征专题”的学习，了解了长征的原因，认识了红军在长征中所遇到的困难，感受了长征的精神。红军长征是一个伟大的奇迹，长征精神更是我们以爱国主义为核心的民族精神的最高体现。

八、布置作业

整理“红星论坛”资料，写一篇小论文，600 字左右。

纪实＝真实？

——《红星照耀中国》拓展课

【教学目标】

（1）提炼全书内容。

（2）掌握纪实性作品主观性与真实性的特点。

（3）比较阅读，了解纪实性作品虚构想象的特点。

【课时安排】 一课时

【教学过程】

一、导入

一位美国记者斯诺进入苏区进行采访，历时四个多月，打破了国民党九年的新闻封锁，归来后写成《红星照耀中国》一书，给外界呈现出更为客观真实的苏区。

二、回顾整本书内容

（1）在书的最后一章，斯诺写到这样一段话，请同学们齐读。

PPT 呈现：

中国社会革命运动可能遭受挫折，可能暂时退却，可能有一个时候看起来好像奄奄一息，可能为了适应当前的需要和目标而在策略上作重大的修改，可能甚至有一个时期隐没无闻，被迫转入地下，但它不仅一定会继续成长，而且在一起一伏之中，最后终于会获得胜利。

（2）请同学们结合全书，说说斯诺做出的预测有哪些依据？小组内讨论，并汇总。

明确：战士的英勇，领袖的魅力，战术的得当，百姓的支持，政策的合理，白区的腐败等。

三、纪实性作品的主观性

（1）斯诺的预测是在去红区之前还是之后？

预设：学生多半会说是去苏区之后预测的，因为写在书的末尾。

PPT 呈现：

① 这些战士战斗得那么长久，那么<u>顽强</u>，那么<u>勇敢</u>……那么<u>无敌</u>，他们到底是什么样的人？

② 这个区域同中国诞生地的最初疆界差不多相符，真可谓历史的巧合。数千年前，中国人当初就是在这一带形成统一的民族的。

③ ……在这里，在二千多年以前，当时已经够激进的大汉族统治着一个统一的、当时是进步的中国，成功地在战国的混乱中巩固了一个民族和文化，使得后代从此以后以汉族子孙自称，就在这样的地方会见这个令人惊讶的现代革命年轻战士，又是多么合适啊。

明确：从画线的关键词可以看出，在斯诺还未进入苏区前，就已经对苏区呈现出无比的钦佩之情。

(2) 在字里行间融入作者的主观态度与评价，这是纪实性作品的一大特点。(板书：主观态度)纪实性作品是新闻的一种，请同学们回顾一下，八上第一单元哪些新闻里有类似这样能体现作者主观评价的句子。

PPT 呈现：

① 人民解放军正以自己的英雄式的战斗，坚决地执行毛主席朱总司令的命令。

② 面对技术封锁，多少人殚精竭虑，青丝变白发；多少人顽强攻关，累倒在试验场；多少人无怨无悔，默默奉献……

明确：第一则消息中"英雄"一词，可以看出作者对人民解放军英勇的气势的赞美；第二则通讯中"殚精竭虑"等词，可以看出作者对无私奉献的科研工作者的钦佩。

(3) 请同学们阅读"长征"部分，画出能体现作者主观态度的语句，并在小组内交流。

PPT 呈现：

① 华南苏区的六年，注定是要成为长征这部英雄史诗的前奏曲的。

② 一只大军和它的辎重要在一个地球上最险峻的地带保持这样的平均速度，可以说近乎奇迹。

③ 而在过去三个世纪中从来没有发生过类似的举国武装大迁移。

明确：从画线处词语，可以看出作者对长征这一事件的肯定溢于言表。

四、纪实性作品的真实性

(1) 作为记者来说，为什么斯诺会有如此明显的主观态度呢？

预设：被苏区红军身上的精神所感染。

追问：斯诺在未进入苏区之前就有了对红军的褒赞和肯定，这是为什么呢？

(2) 从某种意义上说，既是斯诺选择了苏区，也是苏区选择了斯诺，请思考：为何斯诺是"最合适的人选"？

明确：斯诺在中国生活多年，对中国当时的状况，尤其是对白区的黑暗腐败非常了解；斯诺在北京和上海接触很多进步青年，主观上对共产党是同情并认可的；斯诺是一位美国记者，可以保持报道的公正客观。（板书：客观真实）

（3）斯诺如何在保有主观倾向的同时，还能保持报道的客观真实呢？

预设：真实的人物，真实的地点，真实的时间，真实的事件，真实的场景，真实的过程，真实的细节等。

追问：除此之外，还有什么也很重要？

PPT 呈现：

① 对于工作却事无巨细、一丝不苟，他精力过人，不知疲倦，是一个颇有天才的军事和政治战略家。

② 巴莱托的中国门徒们也许要嫌他粗鲁吧。我记得有一天我和他谈话的时候，看见他心不在焉地松下了裤带，搜寻着什么寄生物……

小小的窑洞非常热。他把身子向床上一躺，脱下了裤子，向着壁上的军用地图，仔细研究了二十分钟……

（4）这些片段写的是谁？能看出斯诺报道时怎样的情感态度？

明确：这是写毛泽东的几个片段，既写出其伟岸的一面，表达对其钦佩赞美之情；同时，也展示了领袖常人的一面，显示其不拘小节又有些幽默。

（5）这是类似于《史记》“不虚美，不隐恶”的笔法，请同学们想一想，书中还有哪些人物或细节也是这样报道的？

明确：彭德怀军事才华卓越，但斯诺也提到他脾气暴躁的性格；红区的政策符合人民的诉求和利益，但斯诺也表达了自己一些不同的看法等。

PPT 呈现：

周恩来对斯诺说：“你见到什么，都可以报道，我们要给你一切帮助来考察苏区。”

小结：正如周恩来所说，斯诺秉持新闻报道的客观真实性，把所见所闻如实地写了出来。

五、纪实性作品的虚构性

PPT 呈现：

红军机枪向敌军碉堡开火，子弹都飞迸在桥头堡上。敌军也以机枪回报，狙击手向着在河流上空摇晃地向他们慢慢爬行前进的红军射击。第一个战士中了弹，掉到了下面的急流中，接着又有第二个，第三个。

（1）斯诺没有经历飞夺泸定桥的战斗，他为何这样写？

明确：结合画线句，可以看出，这是斯诺的虚构想象。（板书：虚构想象）纪实性作品也有文学性的特点，作者根据经历者的口述材料，进行了艺术上的加工和改造，让读者读起来如临其境，从另外一个方面也体现了纪实性作品的真实性特点。

PPT 呈现：

总有一天会有人把这部激动人心的远征史诗全部写下来。

(2) 请同学们欣赏王树增《长征》一书中关于“飞渡泸定桥”的片段，与斯诺描写“飞夺泸定桥”的片段比较异同。

PPT 呈现：

二十二个年轻的红军勇士向铁索冲去。

铁索剧烈地摇晃起来。

川军开始了疯狂的射击，红军的掩护火力也开始了猛烈的压制。炮弹呼啸，大河两岸皆成一片火海。川军的子弹打在铁索上，火星迸溅。红军勇士一手持枪，一手抓索，毫无畏惧地一点点向北岸靠近。

三连连长王友才带领官兵紧紧跟在后面，他们人人抱着木板，只要前面的突击队员前进一步，他们就在铁索上铺上一寸。

川军无法想象红军竟然就这样向他们靠近了！看着在铁索上越来越近的红军，他们惊骇地瞪大了眼睛，他们不知道世间除了红军，还有什么人能够空悬在万丈深渊上顺着那些摇晃的铁索发起冲击。

南岸的军号声连续不断地怒号着。

红军所有的掩护火力愤怒地喷射着。

……

就在红军勇士即将接近北岸的时候，北岸桥头突然燃起了大火——川军把拆下来的木板堆在桥口，泼上煤油点燃了。

大火封住了桥头。

火势凶猛，映红了渐渐暗下来的黄昏天色。

南岸的杨成武大声喊：“同志们！这是最后的关头！莫怕火！冲过去！冲呀！敌人垮了！冲呀！”

南岸所有的红军官兵都呐喊起来：“冲呀！莫怕火！冲过去就是胜利！”

攀在最前面的廖大珠连长喊了一声：“同志们，跟我前进！”然后他站起身，第一个冲进了火海。

第二个迎着火海冲去的，是一个苗族小战士。

接着，突击队员一个跟着一个冲进了大火之中。

明确：王树增描写的“飞渡泸定桥”，也是在经历人口述的基础上，经过了艺术化的处理，融入了自己合理的想象。与此同时，作者也经过资料的核实，将战士的人数和姓名等添加进去，增强了纪实性作品的真实性。但是，从最后一句“接着，突击队员一个跟着一个冲进了大火之中”来看，好像此次战役红军并无伤亡,而斯诺的叙述中明显有伤亡。战争是残酷的,一定伴随着流血和牺牲。可是在王树增的《长征》中,为了突显红军的英勇,而淡化了战争的惨烈,虽然文学性增强了,但艺术上却失真了。

六、总结提升

同学们,我们在看纪实性作品时,要关注主观性、真实性与虚构性之间的平衡关系,失衡了就失真了,失真了也就不美了。

七、布置作业

任选一个自己喜欢的专题,撰写读书报告。

专题一:领袖人物和红军将领的革命之路。

专题二:关于长征。

专题三:信仰与精神。

走进昆虫世界

——《昆虫记》导读课

【教学目标】

(1) 了解法布尔生平事迹和科学成就,产生阅读兴趣。

(2) 走进"昆虫世界"课堂,领略作品魅力,产生阅读期待。

(3) 初步感知整本书内容,选择重点阅读内容。

(4) 掌握一定的阅读方法,明确阅读步骤。

【课前准备】

(1) 搜集班级学生实际制作的昆虫标本(可以求助于生物实验课)。

(2) 班级分小组搜集法布尔的资料,小组长进行汇集整理。

【课时安排】 一课时。

【教学过程】

一、导入

(1) 昆虫标本展览。

展示课前搜集的班级学生实际制作的昆虫标本,引出研究昆虫的话题,进而引出科学巨著《昆虫记》。

《昆虫记》也叫作《昆虫物语》、《昆虫学札记》、《昆虫世界》或《昆虫的故事》,法文书名直译为《昆虫学的回忆》,副标题为"对昆虫的本能及其习俗的研究"。它是一部专门研究昆虫的专著,也是一部世界昆虫的史诗,更是一部由人类和自然界昆虫共同谱写的生命乐章。这是一部永远解读不尽的书,一部值得传给下一代的书,是哈佛大学113位教授推荐的最有影响的书,更是法国历史上里程碑式的经典著作。

(2) 小组故事会。

答疑:具有如此巨大成就的著作,到底是什么样的人写出来的呢?

教师展示图片:法布尔的生命轨迹图(图1)。

根据轨迹图,各小组派代表生动讲解法布尔的人生故事。

二、激发阅读热情

(1) 指导阅读作品的各个组成部分。

科普作品阅读是有方法技巧的,借助目录、前言、序言、后记等了解全书的大

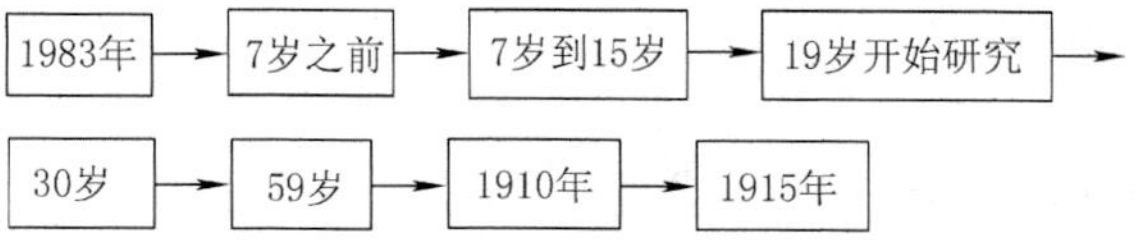

图 1　法布尔的生命轨迹图

致内容，以有初步印象和阅读期待，以决定如何去读及重点阅读哪些部分。

① 浏览书籍封面、书脊、扉页等。

（明确：关注中文题目、英文题目、作者、译者、图、出版社以及封面上的一些推荐语）

② 浏览序言和目录。

活动 1：请同学们出声自读目录、前言、序言和后记，从序言中可以一览作者的研究过程及研究精神。目录是书中内容的高度浓缩，通过看目录，可以把书本读薄了。

活动 2：小组做简单交流，从目录中圈画出自己感兴趣的、值得重点阅读的章节，并抄写在阅读计划卡上，设计阅读计划表（表 1）。

表 1　阅读计划表示例

感兴趣的章节	阅读时间计划	是否完成阅读	备注信息
《石蚕》			
《蜣螂》			
《蝉》			
《泥水匠蜂》			
《开隧道的矿蜂》			
《螳螂》			
《樵叶蜂》			
《采棉蜂和采脂蜂》			
《黄蜂》			
《蟋蟀》			
《孔雀蛾》			
《松毛虫》			

(2) 奇妙的昆虫。

① 知识竞答。

a. 世界上最毒的蜘蛛叫什么?

b. 最短命的昆虫是什么?

c. 会叫的蝉是雌蝉还是雄蝉?

d. 蝉的幼虫生活在哪里?

e. 蝉在树上生活的时间有多长?

学生在抢答中对昆虫知识的热情持续升温。

② 展示有趣的昆虫世界。

a. 圣甲虫解说。(配合圣甲虫滚粪球的视频,"昆虫"世界解说式)

b. 夏夜中的小灯笼。(配合美妙音乐与画面,动情解说)

c. 蟋蟀的叫声。(配合叫声与最美的诗词)

三、掌握一定的阅读方法

(1) 跳读。在法布尔的笔下,每种昆虫都有自己的特点,并像人一样具有灵性。请同学们在目录圈画出来的章节中,选择自己最感兴趣的一种昆虫,在目录空白的地方写下自己想获得的关于该昆虫的有关信息或存在的疑问,运用浏览和跳读的阅读方法到文中去寻找答案。学生代表聊聊自己的阅读体验(学生畅所欲言)。

(2) 略读。结合教材中的选文《蝉》,找寻作品中关于蝉的四个章节,快速阅读之后,以思维导图的形式来归纳"蝉的一生"。

(3) 精读。读书不能浅尝辄止,还要精品细读,对书中的精华要细细地品味、咀嚼,进而积累运用,才能把书中的精华内化为自己的知识。教师选取文中的几个精彩片段,选择几个不同角度和侧重点,示范圈点批注法,指导学生使用这种方式进行仔细、深入的阅读。

圈点批注的范例:

片段1:关于甲虫:西班牙犀头

不久,又有一种突然的改变发生了。从前牺牲一切的母亲,现在对于家族的利益,已不再那么关心了。自此它们各自开始管理自己的家和自己的利益了。

它们彼此之间也就不相互照应了。目前虽然母甲虫对家族漠不关心,但我们都不能因此而忘记它四个月来辛辛苦苦的看护,除掉蜜蜂、黄蜂、蚂蚁等外来的干涉和侵犯。自己能养儿育女,关心它们的健康,直到长成之后,据我所知,再没有别的昆虫能够做到这些了。它独自一个毫无外来帮助,为每个孩子预备摇篮似的食物,并且尽心修补,以防止其破裂,使摇篮十分安全。

批注1:用人格化的手法写出了一个母亲的无私奉献。它的情感如此的浓

厚与执着，使它失掉了一切的欲望和饮食的需要，形象生动，蕴含丰富的情感。（手法）

批注 2：在洞穴的黑暗里看护它的骨肉达到四个月之久。细心地看护着它的卵。它在子女们未得到解放出来之前，决不恢复户外的快乐生活。（内容）

批注 3：我们可以从田野中愚蠢的清道夫身上，看到最深切的关于母性本能的例子，不禁对这种小昆虫产生了无限的敬意。（情感）

片段 2：蝎子

① 它们走走停停，但始终这么绞在一起。它们歇歇停停，然后又走动起来，忽而从这儿走，忽而从那儿走，从围墙的一头转到另一头。看不出它们到底要走到哪里去。它们闲逛着，开始发情，眉来眼去的。此情此景让我想到在我们村镇，每个星期日晚祷之后，年轻人一对一对地手挽手、肩搂肩沿着藩篱墙散步。

② 那队雌蝎中，又有一只被这只雄蝎相中了，于是它又采取了同样的开门见山的方法。这只雌蝎答应了，但是这并不能说明半路上它就不会逃离这个雄性的勾引者。对于年轻的雄蝎来说这有什么大不了的！走了一个，还有许多其他的在等着。那它到底要什么样的呢？要第一个投入怀抱的。

批注 1：这个部分的描写颠覆了我们对蝎子的日常认知，将外表“张牙舞爪”的蝎子写得如此温柔可人；它们像新婚夫妇一样，组建自己的家庭，富有人的灵性。（认知）

批注 2：蝎子对待婚姻的态度是：如果话不投机，或者觉得伴侣不称心如意，那么蝎子们宁肯牺牲婚姻，也绝不委屈自己。如果交尾成功，雌蝎子往往会杀死雄蝎子，或吃掉或抛尸而去。这相比螳螂的爱情，完全是不同的观念。（思考）

四、明确阅读步骤

阶段 1：阅读整本书内容，采用圈点勾画、摘抄、做读书笔记、写读书感言相结合的方法。

阶段 2：专题知识积累。专题内容示例：

《昆虫记》之知识问答

《昆虫记》之虫性

《昆虫记》之科研方法

《昆虫记》之科研精神

《昆虫记》之修辞手法的运用

阶段 3：探究成果展示。

① 将文字性材料整理成册，或制作读书卡片、写读书日记、做读书小报、写小论文等。

② 拍摄昆虫视频，制作 PPT 等。

③ 开展读书活动，例如读书辩论会、读书报告会等。

④ 有效利用信息化，鼓励学生，创立自己的空间、博客、圈子、论坛等，发表自己阅读的文章，互评互改。

“心心”相印
——《昆虫记》推进课

【教学目标】

(1) 交流展示阶段性阅读《昆虫记》的收获。

(2) 感受科学严谨、有趣有情的文笔。

(3) 领悟“法布尔”实践科学观察和研究精神。

【课前准备】 完成《昆虫记》阅读调查表。

【课时安排】 一课时。

【教学过程】

一、导入——猜谜挑战赛

1. 在池塘的深处,(　　)在活泼地跳跃着,它的前翅的尖端带着一个气泡,这个气泡是帮助它呼吸用的。它的胸下有一片胸翼,在阳光下闪闪发光,像佩戴在一个威武的大将军胸前的一块闪着银光的胸甲。

2. 见过(　　)的人,都会十分清楚地发现,它的纤细的腰部非常的长。不光是很长,还特别的有力呢。与它的长腰相比,(　　)的大腿要更长一些。而且,它的大腿下面还生长着两排十分锋利的像锯齿一样的东西。

3. (　　)像个吝啬鬼,身穿一件似乎“缺了布料”的短身燕尾礼服。

4. (　　)在地下“潜伏”四年才钻出地面,却只能在阳光下歌唱大概五个星期。四年黑暗的苦工,一个月日光中的享乐,这就是(　　)的生活。

明确:这个环节可以选择课本重点提到的知识,也可以搜集相关名著阅读试题。

二、交流阅读调查表

教师:对课前下发的阅读调查表进行梳理和归纳(表1)。

表1　阅读调查表

喜欢的章节 及原因(概括)	如:《萤》《蜣螂》《两种稀奇的蚱蜢》《螳螂》《蝉》 如:“有趣”“知道了以前不知道的知识”“和我原来了解的不一样”

续表

喜欢的精彩片段及原因(概括)	内容略 如:"描写生动""感情真挚""道理深刻"
你想问的问题	如:1. 为什么文中这么多章节都在写蜂? 2. 法布尔是如何做到几十年如一日坚持观察昆虫,做科学研究的?

三、感受科学严谨的观察及有情有趣的文笔

活动1:最强配音秀。教师展示蝉脱壳的无声视频,请同学们找到文本中描述蝉脱壳的画面和过程,有感情地朗读,然后对视频进行配音。

活动2:微信个人名片。同学们以第一人称编辑感兴趣的微信个人名片。

PPT呈现:

首届昆虫博览会即将举行,为方便联系、增进了解,主办方要创建微信群,每种昆虫都将制作"我的个人微信空间",但是主办方却发现叫"蜂"这个名字的昆虫竟然有11种之多,结果一头雾水,根本无法将他们区别开来,请你来协助这些"蜂"做好自己的详细介绍。

明确:参考格式——可以设计头像、昵称、微信号、爱好、优点或缺点、个性签名、自我介绍等栏目,可自行增减,突出个性,学生分组进行展示。

活动3:我做小辩手。

法布尔对昆虫有各种各样的称呼,但学术界却认为法布尔这样写不够严肃,请同学选择其中的一个昆虫,写一写辩护词,来为法布尔辩护。

小结:通过三个活动体验我们可以发现,正是因为法布尔的细致耐心的观察和科学严谨的态度,所以能区分各种"蜂",正是因为他的细腻有趣的描写,我们才能身临其境,各类昆虫在他笔下都是栩栩如生,呼之欲出。法布尔把昆虫当人来写。让它们拥有了人的喜怒哀乐,人的善恶美丑,所以,他的文章又赋予昆虫人的色彩,充满了人文关怀。

四、领悟"法布尔"精神

(1)"童"心未泯——热爱生活、尊重生命。

活动形式:音乐文字的通感。

播放音频——蟋蟀的歌唱,学生闭上眼睛欣赏"蟋蟀的歌唱",说说自己脑海中呈现的画面。

明确:生活中,美到处都有,对于我们的眼睛,不是缺少美,而是缺少发现。蟋蟀的声音十分清澈,富有美感,特别动人。在这个世界上,从每棵小树到每根树枝上,都飘出颂扬生存的快乐之歌,简直就是一曲动物之中的"欢乐颂"!

小结：只有在心中充满对生命的关爱之情和对自然万物的赞美之情，才能写出如此动人的句子。正如法布尔所说的“一个活着的微点——最小最小的生命的一粒，它的快乐和痛苦，比无限大的物质，更能引起我的无限兴趣，更让我无比地热爱你们！”

（2）“热”心不灭——热爱研究、追求真理。

活动形式：小组快速问答。

PPT 呈现：

阅读《蛛网的建筑》：法布尔和他的孩子毛遂自荐，成了“蛛网观察家”。这个工作可是志愿活动，没有一分报酬哦，但是他们兢兢业业。法布尔为何能够做到？

明确：他研究昆虫，无官无职无薪无俸，不需要去惧怕谁或迎合谁；法布尔是真诚的，他一贫如洗，把自己的每一点收入，每一点时间，每一点精力，都投注在了昆虫的观察和研究上，不图名利，不枉此生。

PPT 呈现：

阅读《荒石园》：这位多才多艺的文人与科学家，前半生为贫穷所困，但是却未曾减少对人生志趣的追求。在《荒石园》文中，法布尔以激昂的语气，回应外界对他的责难，并力陈他对科学与生命的深切思考，令人动容。

明确：法布尔拥有浓厚的兴趣和倔强的性格，他不轻言放弃，不向命运低头，从不放弃自己的梦想。

总结：法布尔是幸福的，因为他远离喧嚣，与喜欢的昆虫为伴，正如他所说的：“天鹅飞翔于银河之间，下面围绕着我的，有昆虫的音乐，时起时息。微小的生命，诉说它的快乐，使我忘记了星辰的美景。”

跟着法布尔学写作

——《昆虫记》拓展课

【教学目标】

(1) 学习运用科学观察和研究。

(2) 对比阅读,体会科普作品的科学性与艺术性的融合美。

(3) 学习实践科普文的写作。

【课时安排】 一课时。

【教学过程】

一、导入

模拟实验:模拟刺激黑步甲虫具体过程,尤其是其装死的实验,激发学生关注《昆虫记》中一个个具体的实验过程。

明确:假设连续刺激黑步甲,假死时间不断延长——不停刺激黑步甲虫,记录黑步甲虫假死时长——发现黑步甲虫假死时间一次比一次长——得出结论:连续刺激会使黑步甲虫假死时间不断延长。

二、学习并实践科学观察和研究

(1)《昆虫记》的科学性和人文性都是值得我们关注的。法布尔用科学严谨的态度、细致耐心的观察,将昆虫描绘得栩栩如生,这些都离不开法布尔丰富、科学的观察经验。文中还有很多写到具体观察研究的文字,请关注。

学生分小组讨论,并总结法布尔的观察、探究的经验,如:

① 法布尔从其外形、捕食习惯、身体结构、居住环境等方面全方位、立体化的观察。

② 观察中肉眼能看的直接看,看不见的用放大镜。

③ 不仅看其形态、颜色、动作,还听其声,甚至用手触摸,并做好相应的记录。

④ 坚持长期观察,反复实验,要有耐心和毅力。

⑤ 尊重昆虫,尊重生命。

(2) 观察在行动。

① 教师提供几个观察对象:蚕、教室后的石榴树、校园中的蝌蚪、操场边的蔷薇等。

② 借鉴法布尔的观察经验，学生分小组选择其中一个对象，设计一个观察实验。

③ 课后学生实践实验，绘制有关昆虫外形、习性等的卡片，记录实验过程，撰写实验报告。

三、对比阅读，体会科普文的艺术趣味

（1）细致的观察只是科普文写作的前提步骤，一篇精彩的科普文是富含艺术趣味的。

PPT 呈现：

精选教材上节选的《昆虫记》中《蝉》和《蝉和蚂蚁的寓言》两篇文章，分别对比阅读关于蝉的普通说明文和诗歌《蝉》，引导学生更加明确科普文的特征，体会作品蕴含的艺术趣味。

小结：科普作品，又称“科普著作”，它是一种以向大众普及科学知识为主要目的的作品。所以，科普作品一般都是严谨而专业性很强的，但这部《昆虫记》，却一改一般科普作品冷冰冰的严肃面孔。它生动活泼，面容和善，吸引着不同时代不同国家不同年纪的人阅读。请探究作者是怎样使科普作品妙趣横生的。

（2）朋友圈里的故事。

模拟法布尔的友人发布关于“蝉脱壳”过程的微信朋友圈，并参照法布尔的文字，为其朋友圈的文字写评论。

展示：当蝉蛹的背上出现一条黑色的裂缝时，蜕皮的过程就开始了。蜕皮是由一种激素控制的。蝉蛹的前腿呈勾状，这样，当成虫从空壳中出来时，它就可以牢牢地挂在树上。蝉蛹必须垂直面对树身，这一点非常重要。这是为了成虫两翅的正常发育，否则翅膀就会发育畸形。蝉将蛹的外壳作为基础，慢慢地自行解脱，就像从一副盔甲中爬出来。整个过程需要一个小时左右。

当蝉的上半身获得自由以后，它又倒挂着使其双翼展开。在这个阶段，蝉的双翼很软，它们通过其中的体液管使之展开。体液管由液体压力而使双翼伸开。当液体被抽回蝉体内时，展开的双翼就已经变硬了。如果在一只蝉双翼展开的过程中受到了干扰，这只蝉将终生残废，也许根本无法飞行。

（3）我为蝉平反。

PPT 呈现：

法布尔通过自己的思考和观察，为蝉“平了反”，指出了寓言家的谬误。阅读《蝉和蚂蚁的寓言》，指出这首诗歌中的谬误。

蝉

［唐］虞世南

垂緌饮清露，流响出疏桐。

居高声自远，非是藉秋风。

明确：科普文虽然善用栩栩如生、生动活泼的语言，展现诗情画意的散文笔调，具有情趣，但是科普文的理趣是不可忽视的，其逻辑严密、结构严谨的特点值得学习。

四、跟着法布尔学写作

（1）好词美句大比拼。

学生分组朗诵、赏析积累的好词好句。如蜘蛛组、蟋蟀组、大孔雀蝶组、蝉组、隧蜂组等。通过大家的分享，你发现具有艺术趣味的科普文的语言有什么共同特点呢？

明确：① 比喻、拟人等修辞手法的运用，这使文章自然、亲切，增强了可读性。② 叙述、说明、描写、议论、抒情灵活运用，尤其以精彩的细节描写取胜。③ 在细致观察的基础上，写作具有一定的顺序性，逻辑性强，科学客观等。④ 文艺笔调，生动传神，诗意的语言，诙谐中不失科学的严谨，严谨中透着一腔真情。这些写作技巧为学生学习写作科普文提供了良好的范式。

（2）写作小练笔。

针对实验计划中选择的对象：蚕、教室后的石榴树、校园中的蝌蚪、操场边的蔷薇等，选择一种事物，就一个方面进行介绍。

要求：多重角度，以科学的态度去观察，以文学的语言来表达，以人文的情怀去抒写，字数不少于 150 字。

（3）成果展示。

优秀习作可以展示在教室的“展览区”，学生之间相互交流学习。

五、总结提升

同学们，我们体会了法布尔对大自然的细致观察与科学求证的精神，学习了法布尔对昆虫的细腻而有趣的描写，也感受到作者对生命、自然的态度。愿你们也能够积极观察、思考、总结，写出属于你们的“昆虫笔记”。

六、布置作业

以“昆虫的史诗”为题，结合文本中的精彩片段，从写作角度写一篇鉴赏文章，不少于 600 字。

不一般的家书

——《傅雷家书》导读课

【教学目标】

(1) 了解傅雷、傅聪的个人信息，为理解家书中的父子对话做铺垫。

(2) 认识《傅雷家书》写作的具体背景、目的和文学成就，激发学生的阅读兴趣。

(3) 对《傅雷家书》中的内容有所了解，明确选编的侧重方向。

(4) 制定阅读方案，运用多种阅读方法自我督促进行一到两遍阅读。

【课时安排】 一课时。

【教学过程】

一、联系生活，导入激趣

(1) 从小到大，你有没有和父母通过信，简单向同学们介绍一下通信的背景、内容和收到信的感受。

(2) 今天我们要读的是一部家书，这部家书收录了一对父子长达 12 年的通信记录。

二、读之有序，走进一对父子的天涯咫尺

(1) 了解傅雷、傅聪的生平经历和艺术成就。

伴着傅聪的钢琴演奏《C 小调夜曲》，出示赫尔曼·黑塞的《致一位音乐家》选段：

太好了，好得令人难以置信！

一次聆听收音机时，我有过这样的经历。那是播放萧邦乐曲的晚间音乐节目，演奏者是位中国钢琴家，叫做傅聪，一个我从未听过的名字。……我以前听过很多人演奏萧邦……他们演奏的萧邦，各具姿采：精确冷隽，融浑圆通，激越热烈及充满个人色彩，有时专注于华美的音色，有时着重于细致的韵律，时而带有宗教意味，时而奇特，时而慑人，时而自我得如痴如狂，但极少演奏得符合我心目中的萧邦。我时常以为，弹奏萧邦的理想方式一定得像萧邦本人在演奏一般。……从技法来看，傅聪的确表现得完美无瑕，较诸科尔托(Cortot)或鲁宾斯坦(Rubinstein)而毫不逊色。但是我所听到的不仅是完美的演奏，而是真正的萧邦。

……他像是出自《庄子》或《今古奇观》之中。他的演奏如魅如幻，在“道”的

精神引领下，由一只稳健沉着、从容不迫的手所操纵，就如古老中国的画家一般，这些画家在书写及作画时，以毛笔挥洒自如，迹近吾人在极乐时刻所经历的感觉。此时你心有所悟，自觉正进入一个了解宇宙真谛及生命意义的境界。

你知道这位音乐家的名字吗？你觉得这位音乐家让黑塞最为惊叹的是什么？

随即出示傅聪的介绍：

傅聪，生于(1934 年 3 月 10 日。8 岁半，开始学习钢琴。9 岁，师从意大利钢琴家梅百器。1954 年，赴波兰留学。1955 年 3 月，获“第五届萧邦国际钢琴比赛”第三名和“玛祖卡”最优奖。1958 年 12 月，离开波兰，移居英国伦敦。1959 年起，为了艺术背井离乡，只身驰骋于国际音乐舞台，有着“钢琴诗人”的美称。

他的人生深受父亲傅雷的影响，在古稀之年回忆父亲，仍然感激涕零，那么傅雷到底是何人呢？

傅雷(1908—1966)，字怒安，号怒庵，生于江苏省原南汇县，著名的翻译家、作家、教育家、美术评论家。译作丰富，行文流畅，文笔传神，翻译态度严谨，并提出翻译的“神似”理论。他翻译的作品共 30 余种，主要是法国文学作品。巴尔扎克的《高老头》《欧也妮·葛朗台》等，罗曼·罗兰的《约翰·克利斯朵夫》及三位名人传(《贝多芬传》《米开朗琪罗传》《托尔斯泰传》)，伏尔泰的《老实人》《天真汉》等。

(2) 猜度内容，把握阅读方向。

①《傅雷家书》是傅雷夫妇在 1954 年到 1966 年 5 月期间写给傅聪和儿媳弥拉的家信，由次子傅敏编辑而成。1954 年，仅仅 20 岁的傅聪离家留学波兰，在外漂泊的日子里，他的父亲用一封封沉甸甸的家书架起了彼此心灵沟通的桥梁。你觉得父亲傅雷写这些家信的用意是什么？

PPT 呈现：

一九五五年四月二十日

说到“不答复”，我又有了很多感慨。我自问：长篇累牍的给你写信，不是空唠叨，不是莫名其妙的 gossip[说长道短]，而是有好几种作用的。第一，我的确把你当作一个讨论艺术，讨论音乐的对手；第二，极想激出你一些青年人的感想，让我做父亲的得些新鲜养料，同时也可以间接传布给别的青年；第三，借通信训练你的——不但是文笔，而尤其是你的思想；第四，我想时时刻刻，随处给你做个警钟，做面“忠实的镜子”，不论在做人方面，在生活细节方面，在艺术修养方面，在演奏姿态方面。我做父亲的只想做你的影子，既要随时随地帮助你、保护你，又要不让你对这个影子觉得厌烦……

你不是一个作家，从单纯的职业观点来看，固无须训练你的文笔。但除了多写之外，以你现在的环境，怎么能训练你的思想，你的理智，你的 intellect[才智]呢？而一个人思想、理智、intellect[才智]的训练，总不能说不重要吧？多少读者来信，希望我多跟他们通信；可惜他们的程度与我相差太远，使我爱莫能助。你既然具备了足够的条件，可以和我谈各式各种的问题，也碰到我极热烈的渴望和你谈这些问题，而你偏偏很少利用！

傅雷写家信的目的是对儿子进行生活和人格上的指导，避免儿子误入歧途；对儿子进行精神上的慰藉，使他不至于陷于孤独无助的境地；和儿子进行艺术上的讨论，以增进儿子的文笔和艺术修养。

② 2014 年江苏文艺出版社的《傅雷家书全编》是目前最为“完整”的傅雷家书，里面收录有 255 封信，而我们现在阅读到的版本是由译林出版社 2018 年出版的，里面只收录了 171 封信，这说明什么呢？

明确：在译林出版社的版本中，选编者以傅聪游学打拼经历和恋爱婚姻之路为经纬度。它的最大特点是，把傅雷作为父亲的那种高大上、严苛，转为更亲切、家常的父亲形象，将过去版本中傅雷关于文化艺术的长篇独白删除了，尽量选取日常生活中的内容，展示其“真诚待人、认真做事”的生活原则。所以此版《傅雷家书》更加贴近普通家庭，它告诉读者，傅雷夫妇是很平凡的夫妇，也是很伟大的父母。

三、制订阅读计划，布置阅读任务

阅读计划示例如表 1 所示。

表 1　阅读计划

<table>
<tr><th>阶段</th><th>要求</th></tr>
<tr><td>第一阶段：
10～15 天</td><td>通读全书，有地方不理解的，可以跳过去读。完成两项阅读任务。
1. 完成一张阅读卡
<table>
<tr><td>生活上的关怀</td><td>例1：
事件或原文：
具体页数：</td><td>例2：
事件或原文：
具体页数：</td><td>例3：
事件或原文：
具体页数：</td><td>我的感受：</td></tr>
<tr><td>人格上的引领</td><td colspan="4">同上</td></tr>
<tr><td>精神上的抚慰</td><td colspan="4">同上</td></tr>
<tr><td>艺术上的交流</td><td colspan="4">同上</td></tr>
</table>
2. 给《傅雷家书》设计一则腰封</td></tr>
</table>

续表

阶段	要求
第二阶段： 10 天左右	研读作品，选择一个感兴趣的方向对文本进行进一步的研读，将重要的句子标注出来并在旁边进行批注。 方向选择：傅雷的性格、艺术观、哲学观、婚恋观、处世观、《傅雷家书》中的教育思想、傅聪成功的原因、人才的培养秘诀、"文革"对知识分子的打击等。 阅读任务： 1. 将你找出的最打动你的内容读给父母听一听，交流一下你对这个问题的认识。 2. 选择手抄报、读后感、作品解读视频等方式中的一种来呈现你的研读成果
第三阶段： 7 天左右	拓展研究：中国人的家书。 阅读任务：搜集三则打动你的家书，和《傅雷家书》比较一下，总结出优秀家书的共同点。 推荐阅读：关正文《见字如面》、颜之推《颜氏家训》、曾国藩《曾国藩家书》、朱用纯《朱子家训》、龙应台《亲爱的安德烈》

傅氏“家训”
——《傅雷家书》推进课

【教学目标】

(1) 感受傅雷的父爱的非凡境界和教育理念。

(2) 领略《傅雷家书》中丰厚的精神养分。

(3) 在小组讨论、交流中训练自己的倾听和表达。

(4) 在展示评比中学习他人的优点,深化自己的思考。

【课时安排】 一课时。

【教学过程】

一、思维碰撞,感悟一个父亲的苦心孤诣

我国现代作家、翻译家楼适夷评价道,这是“一部充满着父爱的苦心孤诣、呕心沥血的教子篇”,今天让我们走进这部自1981年出版起近四十多年来一直畅销不衰的作品《傅雷家书》,近距离地看一看这位令人敬佩的父亲。

(1) 学生在各自的阅读小组内交流阅读卡和创作的腰封,选出最好的作品各一。

(2) 各小组介绍推荐的优秀阅读卡和推荐理由,并将阅读卡展示在班级园地内。

(3) 腰封创作者介绍创作理念,班级评选出最佳腰封3则并进行颁奖。

总结:大家在第一轮阅读中对这部作品的内容、家书的写作背景、父亲傅雷的教育理念和他对儿子的殷切期望都有了一个基本的认识。通过阅读卡和腰封的精彩展示以及大家充满智慧的思维碰撞和激情陈述,我们领略到一个父亲在儿子关键的人生阶段为他做的重要铺垫。古人云,“父母爱子女,为之计长远”,傅雷作为父亲的特别之处在于他不仅是儿子生活上的守护者,儿子人格上的引路人,更是儿子人生和艺术上的导师。他给予儿子的不仅仅是物质,还有能帮助儿子在人生和事业之路上走得更坚实的养分,这才是这一封封家书背后苦心孤诣、呕心沥血之处。

二、分类研读,领略家书中丰厚的精神养分

有人说,《傅雷家书》之所以历久不衰,是因为哲学家可以从《傅雷家书》中研究傅雷的思想、哲理、方法;教育家可以从《傅雷家书》中研究教育子女的方式、方

法;人才学家可以从《傅雷家书》中探讨人才培养的规律以及家庭对成才的影响;文学家可以从《傅雷家书》中研究散文笔法;历史学家可以从《傅雷家书》中剖析20世纪50至60年代中国知识分子的灵魂;广大读者把《傅雷家书》作为一本优秀青年思想读物,一本爱国主义教育生动教材。这说明,我们从《傅雷家书》中可以得到多种养分,又或者从某种程度上来说,这启示我们在阅读一部内容庞杂丰富的作品的时候,也许并不需要对其中的每个部分都研究的很透彻,这不仅会浪费我们的时间,也会败坏我们的阅读兴趣。

① 班级反馈各自感兴趣的方向,选出大家普遍感兴趣的专题(此部分我们假定为傅雷的教育的思想)。

② 请此专题研读的同学交流自己的阅读体会。

要求:只说自己感受最深的一点,举一到两个例子,并把例子用磁力贴板片展示在黑板上。

在全班充分交流的基础上,当堂阅读《傅聪的成长》。用傅雷的教育思想“________重于________”的句式来总结梳理。

(1) 教育态度:平等重于父权。

① 勇于自省,勇于道歉。

孩子,我虐待了你,我永远对不起你,我永远补赎不了这种罪过!

我也知道你从小受的挫折对于你今日的成就并非没有帮助;但我做爸爸的总是犯了很多很重大的错误。

② 勇于肯定。

孩子,我从你身上得到的教训,恐怕不比你从我得到的少。尤其是近三年来,你不知使我对人生多增了几许深刻的体验,我从与你相处的过程中学到了忍耐,学到了说话的技巧,学到了把感情升华!

③ 不把自己的建议强加给孩子。

可是我还有几分自大的毛病,自以为看事情还能比你们青年看得远一些,清楚一些。同时我还有过分强的责任感,这个责任感使我忘记了自己的老朽,忘记了自己帮不了你忙而硬要帮你忙。所以倘使下面的话使你听了不愉快,使你觉得我不了解你,不了解你学习的需要,那么请你想到上面两个理由而原谅我,请你原谅我是人,原谅我抛不开天下父母对子女的心。

我老想帮助弥拉,但自知手段笨拙,深怕信中处处流露出说教口吻和家长面孔。青年人对中年老年人另有一套看法,尤其西方少妇。你该留意我的信对弥拉起什么作用:要是她觉得我太古板,太迂等等,得赶快告诉我,让我以后对信中的措辞多加修饰。我决不嗔怪她,可是我极需要知道她的反应来调节我教导的方式方法。你务须实事求是,切勿粉饰太平,歪曲真相:日子久了,这个办法只能产生极大的弊害。

(2) 教育的观念。

① 爱国和人格教育重于知识和技术的传授。

我完全信任你，我多少年来播的种子，必有一日在你身上开花结果——我指的是一个德艺俱备，人格卓越的艺术家！

赤子孤独了，会创造一个世界，创造许多心灵的朋友！永远保持赤子之心，到老也不会落伍，永远能够与普天下的赤子之心相接相契相抱！

所以做艺术家先要学做人。艺术家一定要比别人更真诚，更敏感，更虚心，更勇敢，更坚忍，总而言之，要比任何人都 less imperfect[较少不完美之处]！

平衡身心，平衡理智与感情，节制肉欲，节制感情，节制思想，对像你这样的青年是有好处的。修养是整个的，全面的；不仅在于音乐，特别在于做人——不是狭义的做人，而是包括对世界，对政局的看法与态度。……我祝福你，我爱你，希望你强，更强，永远做一个强者，有一颗慈悲的心的强者！

待朋友不能如此马虎。

大小事都要对人家有交代。

世界上最高的最纯洁的欢乐，莫过于欣赏艺术，更莫过于欣赏自己的孩子的手和心传达出来的艺术！其次，我们也因为你替祖国增光而快乐！更因为你能借音乐而使多少人欢笑而快乐！想到你将来一定有更大的成就，没有止境的进步，为更多的人更广大的群众服务，鼓舞他们的心情，抚慰他们的创痛，我们真是心都要跳出来了！能够把不朽的大师的不朽的作品发扬光大，传布到地球上每一个角落去，真是多神圣，多光荣的使命！

多少过分的谀词与夸奖，都没有使你丧失自知之明，众人的掌声，拥抱，名流的赞美，都没有减少你对艺术的谦卑！

② 教育的责任重于抚养的责任。

其实我也是 expect the worst，hope for the best[做最坏的打算，抱最高的希望]。我是你的舵工，责任最重大；从你小时候起，我都怕好话把你宠坏了。现在你到了这地步，样样自己都把握得住，我当然不再顾忌，要跟你说：我真高兴，真骄傲！中国人气质，中国人灵魂，在你身上和我一样强，我也大为高兴。

③ 教育的境界重于教育的行为。

她与她丈夫竭力教育子女，而且如此全面，当然也是正确的，可敬可佩的；可是归根结蒂，她始终没有弄清楚教育的目的，只笼笼统统说要儿女做一个好人，哪怕当鞋匠也不妨；她却并未给好人(honest man)二字下过定义。在我看来，她的所谓好人实在是非常狭小的，限于 respectable[正派的]而从未想到更积极更阔大的天地和理想。

为祖国、为人民服务是多方面的,并不限于在国外为祖国争光,也不限于用音乐去安慰人家——虽然这是你最主要的任务。我们的艺术家还需要把自己的感想、心得,时时刻刻传达给别人,让别人去作为参考的或者是批判的资料。你的将来,不光是一个演奏家,同时必须兼做教育家;所以你的思想,你的理智,更其需要训练,需要长时期的训练。

④ 全面教育重于片面的艺术教育。

为学最重要的是"通",通才能不拘泥,不迂腐,不酸,不八股;"通"才能培养气节、胸襟、目光。"通"才能成为"大",不大不博,便有坐井观天的危险。我始终认为弄学问也好,弄艺术也好,顶要紧是 humain,要把一个"人"尽量发展,没成为××家××家以前,先要学做人;否则那种××家无论如何高明也不会对人类有多大贡献。

⑤ 全面的文艺素养重于音乐素养。

我屡屡提醒你,单靠音乐来培养音乐是有很大弊害的。以你的气质而论,我觉得你需要多多跑到大自然中去,也需要不时欣赏造型艺术来调剂。假定你每个月郊游一次,上美术馆一次,恐怕你不仅精神更愉快,更平衡,便是你的音乐表达也会更丰富,更有生命力,更有新面目出现。

(3) 教育的方法。

① 以身作则重于空洞说教。

你在国外求学,"厉行节约"四字也应该竭力做到。我们的家用,从上月起开始每周做决算,拿来与预算核对,看看有否超过?若有,要研究原因,下周内就得设法防止。希望你也努力,因为你音乐会收入多,花钱更容易不假思索,满不在乎。至于后面两条,我建议为了你,改成这样的口号:反对分散使用精力,坚决贯彻重点学习的方针。

我也觉得提到阿堵物是俗气,可是我年轻时母亲(你的祖母)对我的零用抓得极紧,加上二十四岁独立当家,收入不丰;所以比你在经济上会计算,会筹划,尤其比你原则性强。当然,这些对你的艺术家气质不很调和,但也只是对像你这样的艺术家是如此;精明能干的艺术家也有的是,萧邦即是一个有名的例子:他从来不让出版商剥削,和他们谈判条件从不怕烦。你在金钱方面的洁癖,在我们眼中是高尚的节操,在西方拜金世界和吸血世界中却是任人鱼肉的好材料。我不和人争利,但也绝不肯被人剥削,遇到这种情形不能不争——这也是我与你不同之处。但你也知道,我争的还是一个理而不是为钱,争的是一口气而不是为的利。在这一点上你和我仍然相像。

② 方法传授重于一味指责。

假如你初见恩德,听了她弹琴,你说她简直不知所云。这说话方式当然有问题。倘能细细分析她的毛病，而不先用大帽子当头一压，听的人不是更好受些吗？有一夜快十点多了，你还要练琴，她劝你明天再练；你回答说：像你那样，我还会有成绩吗？对付人家的好意，用反批评的办法，自然不行。妈妈要你加衣，要你吃肉，你也常用这一类口吻。你惯了，不觉得；但恩德究不是亲姐妹，便是亲姐妹，有时也吃不消，这些毛病，我自己也常犯，但愿与你共勉之！

坚持真理的时候必须注意讲话的方式、态度、语气、声调。要做到越有理由，态度越缓和，声音越柔和。坚持真理原是一件艰巨的斗争，也是教育工作；需要好的方法、方式、手段，还有是耐性。万万不能动火，令人误会。这些修养很不容易，我自己也还离得远呢。但你可趁早努力学习！

③ 时刻督促重于放任自流。

我屡次要你生活正规化，学习正规化。不正规如何能持久？不持久如何能有成绩？如何能巩固已有的成绩？以后一定要安排好，控制得牢，万万不能“空”与“忙”调配得不匀，免得临时着急，日夜加工的赶任务。而且作品的了解与掌握，就需要长时期的慢慢消化、咀嚼、吸收。这些你都明白得很，问题在于实践！

总结：傅雷一家的书信往来，让我们看到彼此的坚持与彼此的期待，这一封封家信跨越时空与国界的念想，将一位学识渊博、坦荡刚毅的父亲对子女教育的非凡境界和卓越理念以及深沉浓烈的爱展现得淋漓尽致，感人至深。也正是傅雷独特的家庭教育思想、方法和态度，造就了儿子傅聪深厚的艺术底蕴和卓绝的人格品性。难怪傅聪深情地说：“他是一个有赤子之心的人……他一生没有一分钟度过的是行尸走肉的时光，他的脑永远在思想，他的心永远在感受。”

我们在前面两个阅读阶段中，先通读了全书，对傅雷的父爱有了一个具体的感受，然后运用选择性阅读和批注法进行专题研读，这节课我们是在交流批注内容的基础上进行分析归纳，这种方法也适用于其他专题，这里给大家推荐一些作品。请大家课后完善自己的阅读成果并发布到班级博客中。

三、推荐阅读

傅雷：《傅聪的成长》。

傅聪：《钢琴家不只是光彩的手指》。

叶兆言：《怀念傅雷先生》。

杨绛：《忆傅雷》。

叶永烈：《傅雷与傅聪》。

见字如面
——《傅雷家书》拓展课

【教学目标】

(1) 传承民族文化,了解中国的家书传统。

(2) 提升思维品质,分析比较优秀家书的共同点。

(3) 扩大阅读视野,训练学生的读写能力。

【课时安排】 一课时。

【教学过程】

一、回味阅读成果,引入家书传统

在前两个阶段我们用二十多天的时间对《傅雷家书》进行了两轮阅读,学习了选择性阅读这种新的阅读方法,抓住大家都关注的傅雷的教育思想进行了重点研读,同学们还针对各自的兴趣点进行研读,有了很多成果。今天我们将走进一个更广阔、更有情、更能体现中华民族的文化血脉的阅读天地。

中国人重亲情,家庭观念浓厚,而家书,正是见证亲情的纽带,意义特殊,正所谓“家书抵万金”。

《见字如面》这个慢综艺的大热,事实上折射的是我们依然怀念一封朴素单纯的书信。读过去的信时,书写者仿佛可以超越时空,而读者也能接收到过去的生活和羁绊,书信里的亲情、爱情、痛苦、快意、矛盾、艰难、志向,在身边重现,历历在目。今天就让我们在阅读中领略潜藏在一封封家信中的悲欢离合。

二、交流优秀家书,分析成功秘诀

(1) 学生小组交流传阅自己最感动的一封家书,小组推荐一篇最感动人的作品。

(2) 朗读家书作品,小组成员讲述推荐理由。

(3) 交流讨论这些家书动人的秘诀。

明确:动人的家书往往具有教益,令人称颂和受益;情真意切,感人至深;表达或质朴或幽默或雅致,富有特色。

三、抢救家书,训练表达能力

随着科技的飞速发展,手机、互联网等进入寻常百姓家,通信方式发生了革命性的变革,绵延数千年的家书逐渐退出了人们的生活。可是,家书里所蕴含的历史、文学、伦理、艺术等丰富文化内涵，能够随着它走向末日的命运而被湮灭吗？回答是否定的。新世纪初，一场以保护文化遗产、守护亲情家园为宗旨的抢救民间家书行动拉开了序幕。从此，家书被定位为文化遗产，开始了抢救与保护的历史征程。

布置训练内容：请你设计一则保护家书的公益广告的标语。

标语要求：角度准确，语言凝练，表达有吸引力，不超过 30 个字。

四、小结课堂，布置作业

一封封具有时代特色的家书，刻录着世事的沧桑浮沉，保留着一段段鲜明的文化记忆，折射出中国传统文化的精粹，闪耀着中华民族美德的光华。请同学们课后给自己的父母写一封信。

火热的熔炉

——《钢铁是怎样炼成的》导读课

【教学目标】

(1) 了解作者创作的背景动因,产生阅读兴趣。

(2) 理清保尔成长的各个阶段,建立阅读框架。

(3) 掌握摘抄笔记的基本方法,拟订阅读计划。

【课时安排】 一课时。

【教学过程】

一、激发阅读兴趣

(1) 有这样一张照片。(图 1)

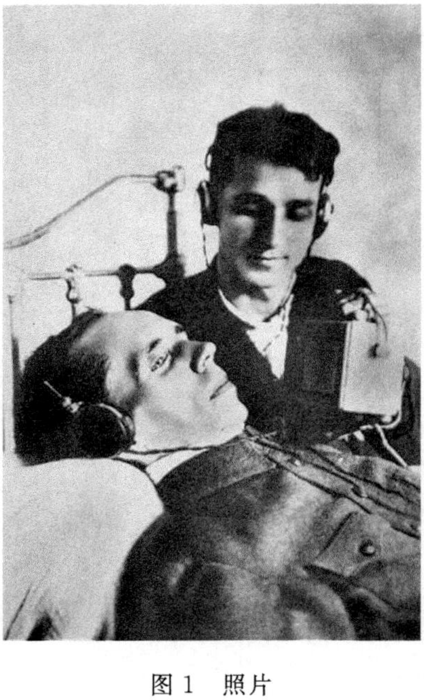

图 1 照片

① 你能用自己的语言描述一下照片内容吗?

② 你觉得哪一位会是《钢铁是怎样炼成的》的作者? 说说理由。

(2) 有这样一位伟人。

结合对尼古拉·奥斯特洛夫斯基(1904—1936)的人生经历的了解(可浏览书中作者简介),你最想说的一句话是什么?

小结:作者的生命是短暂的,但是他留下的精神财富是巨大的。"钢是在烈火与骤冷中铸造而成的。只有这样它才能坚硬,什么都不惧怕。我们这一代人也是在这样的斗争中、在艰苦的考验中锻炼出来的,并且学会了在生活面前不颓废。"奥斯特洛夫斯基的这一段话应该是最好的诠释。

二、激活阅读期待

(1) 请注视你桌上的这本书,你是否知道这本书出版的经历?

明确:这部作品的前身是一篇关于科托夫骑兵旅的中篇小说手稿,不幸被邮局弄丢;这部作品创作时,他全身瘫痪、双目失明,历时三年完成;这部作品第一次寄给出版社被退稿;这部作品好不容易在杂志上连载,却一直得不到评论界关注……一直到1934年正式出版发行单行本,才在国内外引起强烈反响。

(2) 请闭上眼睛,想象一下,你觉得其中会有哪些内容?快速浏览封面、前言和后序,看看是否和你想象的相似?

明确:小说分上下两部,叙述保尔成长的四个阶段:少年时期的保尔,战火纷飞中的保尔,献身于家园建设的保尔,身残志坚的保尔。

三、掌握阅读方法

在接下来的阅读中,希望同学们完成以下内容:

① 每读完一章,及时梳理主要情节、内容,制作一张阅读卡片;

② 圈点勾画自己认为重要的语句或精彩语段,标记自己觉得有疑问或有感触的地方。

读书卡片示例如表1所示。

表1 读书卡片

《钢铁是怎样炼成的》阅读卡片五	
阅读章节	第一部第五章
情节概括	一般100~200字
英雄事迹 (主要情节)	一句话概括:什么人做了什么事。 1. 保尔在与朱赫来的接触中接受革命的洗礼,开始支持革命。 2. 保尔机智勇敢出手解救朱赫来,成为一名革命战士
主要人物	保尔、朱赫来、谢廖沙

续表

精彩语段摘录	选摘、抄录原文中的词语、句子、段落等。内容可以是原著的典故、警句、精彩片段等,最好有一定的主题或借鉴意图。如: 1. 乌云犹如远方大火腾起的滚滚浓烟,在蓝黑色的天空中缓缓浮动,渐渐靠近一座穹顶,使用浓重的烟雾把它遮挡起来。穹顶变得模糊不清,仿佛给抹上了一层污泥,而不断逼近的乌云仍在不停给它上色,越来越浓。昏黄的月亮发出微微颤动的光,随即也沉没在乌云之中,如同掉进了黑色的染缸。 2. 保尔摔倒的时候,顺势把押送兵也拖倒了。此时此刻,无论多么大的力量,都没法使保尔放开手里的枪
阅读心得	记录自己阅读时的体验、感想,可以是对作品人物、情节、环境、主题情感的看法与评价,可以是对写作技巧、行文风格、艺术特色的看法与评价,可以是自己阅读的新观点、新看法,可以是结合当下环境的作品延伸……可以从整体或部分要点,进行认识与评价

四、制订阅读计划

阅读计划示例如表 2 所示。

表 2　阅读计划

阶段	任务	要求
第一阶段	阅读全书	每一章完成一张读书卡片
第二阶段	专题探究 一、保尔·柯察金的成长史 二、保尔·柯察金的形象分析 三、"红色经典"的现实意义 四、保尔对"生命与价值"的践行 五、其他	例:保尔·柯察金的形象分析 1. 学生代表梳理保尔事迹; 2. 学习小组朗读保尔内心独白、书信和日记; 3. 学生代表分析保尔语录或警句; 4. 学生代表评价保尔成长中重要的人或事
第三阶段	举行读书汇报会	1. 主题手抄报展示; 2. 选择第二阶段中的一个专题探究,做课堂展示; 3. 写一篇读后感

赤子保尔

——《钢铁是怎样炼成的》推进课

【教学目标】

(1) 提炼少年保尔章节的故事情节。

(2) 掌握小说塑造典型人物的方法。

(3) 迁移阅读,学习史诗性长篇小说的阅读方法。

【课时安排】 一课时。

【教学过程】

一、梳理主要故事情节与人物

PPT 呈现:

很长一段时间里,人物和情节都在脑海里萦绕。读前还是少年,读后就觉得一只脚已经踏进了青春的大门。

——莫言

结合你阅读《钢铁是怎样炼成的》第一部第一章至第六章的感受,简要说说令你印象最深刻的人或者故事情节。

明确:对应相关章节,点明前期阅读卡片中存在的优点或问题。

二、熟悉少年保尔成长经历

(1) PPT 呈现:

这是书中的两幅插图(图 1、图 2),猜猜图片中的他们分别是谁?图片中对应的分别是哪个情节?

图 1　插图 1

图 2　插图 2

明确：图 1 是保尔·柯察金在池边钓鱼时初识冬妮娅，图 2 是保尔·柯察金趁黄胡子不注意舍身夺枪，营救朱赫来。

(2) 追问：

两幅画面中的保尔，都还是一个少年。少年保尔，都经历了什么？

请完成少年保尔资料卡(表 1)。

表 1　少年保尔资料卡

全名		小名		出生地	
家庭成员					
生平经历					
人物性格					

(3) 同样都是少年，对比自己的生活，保尔的哪方面能引起你的共鸣？

PPT 呈现：

你觉得在少年保尔的形象塑造中，哪方面你能引起共鸣？任选一个切入点，并结合阅读卡片，说说你的看法。

提示：可从情节、人物描写、环境描写、内心独白、书信和日记、格言警句等方面考虑。

明确：对应章节内容，言之有理即可。重点突出他的成长与国家民族同呼吸共命运，充满正能量。

三、勾画少年保尔成长伙伴

(1) 阅读下面的资料，猜猜加点的他(她)是谁？并用一两个词语说说他们分别是怎样的人？

(一) 他使劲揪住男孩子的一只耳朵，把他推到走廊上，随手关上了门。

教室里鸦雀无声，学生一个个都缩着脖子。谁也不明白他为什么被赶出学校。只有他的好朋友知道是怎么回事。那天他们六个不及格的学生到神父家里去补考，在厨房里等神父的时候，他看见保尔把一把烟末撒在神父家过复活节用的发面里。

（二）她从一棵弯曲的柳树上面探过身去，用手拨开柳丛的枝条，看到下面有一个晒得黝黑的男孩子。他光着脚，裤腿一直卷到大腿上，身旁放着一只盛蚯蚓的锈铁罐子。那少年正在聚精会神地钓鱼，没有发觉她在注视他。

"这儿难道能钓着鱼吗？"

保尔生气地回头看了一眼。

他看见一个陌生的姑娘站在那里，手扶着柳树，身子探向水面。她穿着领子上有蓝条的白色水兵服和浅灰色短裙。一双带花边的短袜紧紧裹住晒黑了的匀称的小腿，脚上穿着一双棕色的皮鞋。

（三）快到家的时候，冬妮娅看见莉莎、涅莉和他坐在花园里。他在看书。看样子，他们都在等她。

冬妮娅同他们打过招呼，坐到长凳上。他们漫无边际地闲聊起来。他找个机会挪到冬妮娅跟前坐下，悄声问："那本小说您看完了吗？"

"哎呀！那本小说，"冬妮娅忽然想起来了。

"您喜欢它吗？"他注视着冬妮娅。

冬妮娅想了想。她用鞋尖在小径沙地上慢慢地画着一个神秘的图形，过了一会儿，才抬起头，瞥了他一眼，说："不，不喜欢。我已经爱上了另外一本，比您那本有意思得多。"

"是吗？"自觉无趣地拖长声音说。"作者是谁呢？"他问。

冬妮娅的两只眼睛闪着光芒，嘲弄地看了看他。"没有作者……"

"冬妮娅，招呼客人到屋里来坐吧，茶已经准备好了。"冬妮娅的母亲站在阳台上喊。

冬妮娅挽着两个女友的手臂，走进屋里。他跟在后面，苦苦思索着冬妮娅刚才说的那番话，摸不透是什么意思。

（四）"你问我今天怎么了？我从到这儿来干活的那天起，就一直不怎么的。你看看，这儿是个什么地方！咱们像骆驼一样干活，可得到的报答呢，是谁高兴谁就赏你几个嘴巴子，连一个护着你的人都没有。老板雇咱们，是要咱们给他干活，可是随便哪一个都有权揍你，只要他有劲。就算你有分身法，也不能一下子把人人都伺候到。一个伺候不到，就得挨揍。你就是拼命干，该做的都做得好好的，谁也挑不出毛病，你就是哪儿叫哪儿到，忙得脚打后脑勺，也总有伺候不到的时候，那又是一顿耳刮子……"

他讲起这些事情，是那样愤愤不平。

明确：依次分别为谢廖沙、冬妮娅、维克多、阿尔焦姆。

(2) 请用一个词语来概括他(她)在保尔生命中扮演的角色,文本中还有哪些细节有体现?并说说你的理由。类似角色还有哪些?

明确:(言之有理即可,可用不同颜色呈现不同的角色)

恋人	冬妮娅、弗茹霞 (粉红色字体)
敌人/竞争者	维克多 (灰色字体)
挚友	谢廖沙、瓦莉娅、克里姆卡 (白色)
良师/亲人	阿尔焦姆、水兵朱赫来、加里波第(红色)

四、寻找少年保尔成长助力

PPT 呈现:

假如你是冬妮娅、谢廖沙或者是阿尔焦姆,你与保尔告别的时候会说什么?请写一写,并与同学们交流,100 字以内。

小结:保尔从仓库中重获自由,决定远走他乡,他一一与冬妮娅、谢廖沙告别,在哥哥阿尔焦姆的安排下,坐上火车前往卡扎京,踏上新的成长旅程。

五、总结提升

PPT 呈现:

同志们,勇敢向前,在战斗中百炼成钢,

为开辟那自由之路,昂首挺胸走上战场。

小结:从少年保尔的生活经历中,我们感受到保尔的贫苦生活、社会的不公与暴力,但保尔坚强、勇敢,有自己的独立追求。

六、布置作业

(1) 读完《钢铁是怎样炼成的》第一部剩余部分,就自己的阅读感受写一封给保尔的信。

(2) 与父母共读《钢铁是怎样炼成的》第二部,谈谈对那个时期的保尔的看法以及对自己的启示。

生命的价值
——《钢铁是怎样炼成的》拓展课

【教学目标】

(1) 探寻保尔生命的形象和成长史。

(2) 探究保尔生命价值的理解和践行。

(3) 探讨阅读红色经典的现实意义。

【课时安排】 一课时。

【教学过程】

一、导入

PPT 呈现:

这本书在我的成长过程中有很大的影响,书中浓郁的英雄主义、理想主义、献身主义在相当长的时间里成为我精神生活最重要的支柱。

——张洁

最近一周,同学们利用课余时间,浏览了粘贴在教室周围的主题小报。今天,我们就来探讨一下《钢铁是怎样炼成的》对我们今后的成长有什么借鉴意义。

二、我的成长我做主

在语录摘抄中,这一段话是出现的最多的。这段话中,你觉得哪些关键词值得深思?

PPT 呈现:

人最宝贵的是生命。生命每个人只有一次。人的一生应当这样度过:当回忆往事的时候,他不会因为虚度年华而悔恨,也不会因为碌碌无为而羞愧;在临死的时候,他能够说:"我的整个生命和全部精力,都已经献给了世界上最壮丽的事业——为人类的解放而斗争。"

明确:"生命""最壮丽的事业"等,总的来说,应该就是生命的价值。

三、我的事业我做主

(1) 专题探究课堂展示:保尔·柯察金的成长史。

① 请负责"保尔·柯察金的成长史"主题探究的小组推选学生代表,进行五分钟课堂展示。

② 出版社想要出版发行《钢铁是怎样炼成的》的分册本,结合专题展示和自

身阅读体验，你觉得可以分几册出版？说说理由，并尝试另起分册题目。

明确：可以分两册出版，原著本来就分了两部，分别是《战火青春》《光辉岁月》；可以分四册出版，分别是《少年时期的保尔》《战火纷飞中的保尔》《献身家园建设的保尔》《身残志坚的保尔》（答案不一，言之有理即可）。

（2）保尔在成长过程中，遇到了很多重要的人。你认为谁是保尔生命中最重要的人？为什么？如果有不同意的意见，也可以说出来。

明确：比如朱赫来，朱赫来身体强壮，会英国拳击，得到了保尔的钦佩；在保尔这躲避的八昼夜，朱赫来向保尔讲了很多革命斗争故事，极大地影响了保尔日后的精神追求；朱赫来慧眼识才，有意识地培养保尔日后走上无产阶级革命道路；甚至有人说，朱赫来就像是未来的保尔，他们都有着对敌人的憎恨，有火热的工作情怀……

又如冬妮娅，冬妮娅不像其他权贵阶层子女嫌弃贫苦的保尔，邀请他到家做客，给保尔看书，是保尔的朋友、心上人，给予少年保尔心灵上的关怀；冬妮娅改正了保尔使用武力解决问题的习惯，给予少年保尔做事的冷静；但是后来保尔带冬妮娅参加会议时，冬妮娅像资产阶级分子，两人的争吵表明已经出现裂痕，保尔筑路时在火车上遇见冬妮娅和她富有的军官丈夫，他们连友谊也不存在了。从这个意义上来说，冬妮娅只是保尔某个阶段最重要的一个人。

此外，还有阿尔焦姆、达雅……

四、我的生命我做主

（1）一个人所处的环境往往会影响到自身的成长，与我们现在所处的环境相比，你如何评价保尔所处的环境？

明确：少年保尔生活维艰的社会环境，比如少年时在谢别托夫车站食堂洗盘子的艰苦；战争年代严峻残酷的斗争环境，比如保尔在骑兵部队的战斗中，一颗炸弹在身边爆炸，头部受了重伤；国家建设时期恶劣的自然环境，比如在修铁路的过程中，保尔得了伤寒和大叶性肺炎，几乎丧命。

小结：自古英雄多磨难，从来纨绔少伟男。保尔身处的艰难环境，历练了保尔的品格与意志，造就了他临危不惧、敢于斗争的精神，练就了他钢铁一般的意志，最终成就了他短暂却伟大的生命。

（2）小说中与保尔有一样品质的，还有朱赫来、谢廖沙，他们是苏维埃共和国的缔造者和建设者。那他们的品质，对我们现在来说有什么借鉴意义吗？可以从以下问题来思考：

① 你能联想到我们国家哪些人？哪些事？

② 他的成长，对你有什么借鉴意义？

③ 这样的红色经典，对我们当今的社会主义建设事业有什么样的启发？

小结：任何一个人，他的原生环境是不可能超越或重新选择的，但我们可以通过个人的努力奋斗，不抱怨、不随波逐流，我的生命我做主。尤其是在当今世界这样百年未有之大变局，重读这样的红色经典，对我们有很重要的意义。

五、布置作业

完善“保尔·柯察金的成长史”资料，以小组为单位，设计一组保尔成长漫话。

我们如何读诗

——《艾青诗选》导读课

【教学目标】

(1) 进行版本对比,激发阅读兴趣。

(2) 在对比选择的过程中,了解艾青生平及其诗歌特点。

(3) 拟订阅读计划,安排阅读时间。

【课时安排】 一课时。

【教学过程】

一、设情景,激兴趣

(1) 师:艾青,作为中国新诗史上一位重要诗人,留存的诗作众多。这学期,老师想和大家一起读他的诗选,于是假期就到书店去购买,结果在书店找到两个不同版本的《艾青诗选》。版本1是立人主编,天地出版社出版的无障碍精读版(图1);版本2是人民教育出版社出版的。我很纠结,不知道如何选择,就给他们拍了照,想请大家帮我一起看一看。首先,我们看到的是两个版本的封面。

图1 版本1

图2 版本2

(2) 师:只看封面,你会做出什么样的选择,请思考并写下理由。

学生思考,并写下理由。

回答示例:

① 我会选择版本2,因为从封面上看到这本《艾青诗选》的主编和我们教材

的主编是一样的,并且出版社也更有名。

② 我会选择版本1,因为这是无障碍精读版,可能里面会提供更多的阅读帮助,而且腰封上有很多作家、专家的推荐,说明这本《艾青诗选》的编写很有质量。

③ 我可能没有办法做出选择,因为仅看封面,得到的信息太少了。

(3) 师:看来,不同的版本有不同的优势,封面会强调一本书的最大优势,为我们的判断提供依据,但所给信息毕竟少了一点,我们还是需要再走进书的内页看一看。

二、细比较,明特点

(1) 师:让我们一起看看两本书的内页,为大家阅读艾青的诗歌提供了哪些帮助呢?同学们先说说看,此时,我们应该翻看书中的哪些地方?

回答示例:序言、后记、资料链接……

(2) 师:同学们和老师想的一样,于是老师认真翻阅了以下部分,并把书里的内容概括了一下,同学们一起来看一看:

版本1:有总序,总序介绍了本丛书的特色;阅读准备中介绍了作家生平、创作背景、作品速览、文学特色;后面的阅读总结中有名家心得、读者感悟、阅读拓展和真题演练。阅读准备和阅读总结的每个部分内容都比较少,约500字。

版本2:序言介绍了现代诗以及艾青诗歌的特点,重点是艾青诗作的特点。阅读建议分为两个部分,分别是阅读规划和阅读策略,阅读策略里有两篇文章,一篇是王家新的《多种角度读艾青》,一篇是田安均、刘勇的《诗题切入新意象,语言涵咏品意境》。后面资料链接里有作者简介、名家评赏和牛汉的《艾青的诗》。

(3) 师:根据以上内容,你又会做出怎样的选择?为什么?

学生小组讨论、交流。

回答示例:

① 我会选择版本2,因为和版本1相比,版本2从多个角度介绍了艾青诗作的特点,更利于我的学习。

② 我会选择版本2,因为和版本1相比,版本2对艾青作品的赏析是成篇的,那必然介绍得更详细,能让我更好地了解艾青作品的特色。

(4) 师:从同学们的回答可以看出,大家十分关注编写者能为我们的阅读提供的帮助,尤其是面对一本现代诗诗集,书中的内容能否让我们更好地掌握现代诗的阅读策略,把握艾青个人的现代诗创作特点。那么,读现代诗,究竟该怎么读?艾青的诗又有怎样的特点呢?

明确:

① 现代诗的阅读策略。

a. 判断诗歌的感情基调;

b. 把握诗歌意象，以及意象所具有的特点；

c. 领会诗人通过意象描绘了怎样的画面或营造了怎样的意境；

d. 诗歌所抒发的诗人的思想感情。

② 艾青现代诗的特点。

艾青是中国现当代文学史上的著名诗人，1910 年出生于浙江金华一个地主家庭，5 岁以前被寄养在同村的一个贫困农家。他 18 岁考入西湖艺术学院绘画系，第二年去法国留学，两年以后回国。因为参加"中国左翼美术家联盟"活动，被捕入狱。在监狱中，艾青失去了绘画的条件，于是开始"借诗思考、回忆、控诉、抗议"，写下了长诗《大堰河——我的保姆》，抒发了对抚养他的保姆——大堰河深深的挚爱和无尽的怀念。这首诗是他的成名作，发表时第一次使用了"艾青"这一笔名。

20 世纪 30 年代，艾青的诗歌创作达到了一个高峰。他这一时期的诗歌总是充满"土地的忧郁"，多写国家民族的苦难、悲伤与反抗，具有非常凝重、深厚而又大气的风格。这一时期，艾青诗歌中的主要意象是"土地"和"太阳"，表达了驱逐黑暗、坚持斗争、争取胜利的美好愿望。

艾青诗歌创作的另一个高峰是在 1978 年以后。诗人"归来"，诗风也发生了很大的变化。诗句变得更整齐，诗情变得更深沉，诗意变得更警策。这一时期的诗人，仍然继续着歌颂光明的主旋律，字里行间饱含着睿智哲思。

三、看目录，订计划

(1) 师：看到大家都比较倾向版本 2，那就让我们阅读它的诗篇目录，你有什么发现？

学生阅读、思考。

回答示例：

① 我发现这本书是按年代排列的，艾青不同时期的作品有不同的特点，我可以按照目录，一个时期一个时期地读。

② 我发现艾青有很多诗歌的标题明确指出了诗中的主要意象，我可以按照意象来读。

(2)师：无论按什么样的顺序读诗，我们都要有一个明确的计划，请大家完成表 1，并按照表 1 开始我们的《艾青诗选》阅读之旅吧。

表 1　阅读计划

阶段	任务	要求
第一阶段		
第二阶段		
第三阶段		

填写示例如表 2 所示。

表 2　阅读计划示例

阶段	任务	要求
第一阶段	阅读全书	边读边画，寻找谜底
第二阶段	专题探究 1. 探讨艾青诗歌的发展变化 2. 探讨艾青诗歌的意象 3. 分析诗歌的艺术形式	例：艾青诗歌的发展变化；列出艾青不同时期诗歌中你最喜欢的三首；品读赏析；画出艾青诗歌的变化思维图
第三阶段	举行诗歌朗诵会	1. 围绕某一个主题，选择 2～3 首诗，形成一组诗，并拟一个恰当的题目 2. 以小组为单位，朗诵表演

燃烧的“火把”

——《艾青诗选》推进课

【教学目标】

(1) 把握艾青诗歌的主要意象，品味其意象的含义。

(2) 体会作者独特的情感及艺术表现手法。

【课时安排】 一课时。

【教学过程】

一、导入

(1) 师：如果让你对艾青诗选进行专题探究，你会选择怎样的专题呢？

回答示例：

① 探究诗歌中“太阳”这一意象；

② 探究诗歌的艺术手法；

③ 探究艾青诗歌与其生活经历的联系；

④ 探究艾青诗歌在其所处时代的意义……

(2) 师：同学们的探究方向准确而多样，并且从中可以看出，大家很好地把握了读现代诗的方法。艾青诗作中有一类是看到眼前的景物，触动了内心的情怀而写成的，今天咱们就从这个角度来读读艾青的诗。先来回忆一下，在我们的教材里，曾经学过艾青的一首诗，叫作——

生齐答：《我爱这土地》。

二、探寻同类诗作

(1) 师：有没有同学再向大家介绍一下，艾青作此诗的缘起。

明确：诗人看到曾经和平安定的祖国躺在日本侵略者的铁蹄下痛苦呻吟，触发了他的内心感受，写下了这一名篇。

(2) 师：是的。正是眼前萧条痛苦的景象，触动了诗人的内心，才有了这首诗。在艾青的创作生涯中，这样的作品还有许多，在阅读的过程中，你还发现哪些诗歌的创作缘起和《我爱这土地》是类似的呢？

回答示例：《手推车》，这首诗写于1938年初。艾青投身民族救亡战争，从南方来到北方。在北方，他看到了抗战的持久与艰巨，也目睹了黄河流域民生之多难。在这里，有的人照旧穷奢极欲，寻欢作乐，而人民——诗人的父老兄弟，则在生死线上挣扎;黄土地——民族与人民的母亲,为悲哀的风卷去了春天的绿色和秋阳的光辉,冻结在裹冷与静寂里,于是作者创作了这首诗。

(3) 师:同学们找得很准确,《手推车》《乞丐》《煤的对话》等作品都是如此产生的,下面就让我们一起来欣赏其中的两首。

PPT 显示:

手推车

在黄河流过的地域
在无数的枯干了的河底
手推车
以唯一的轮子
发出使阴暗的天穹痉挛的尖音
穿过寒冷与静寂
从这一个山脚
到那一个山脚
彻响着
北国人民的悲哀

在冰雪凝冻的日子
在贫穷的小村与小村之间
手推车
以单独的轮子
刻画在灰黄土层上的深深的辙迹
穿过广阔与荒漠
从这一条路
到那一条路
交织着
北国人民的悲哀

乞丐

在北方
乞丐徘徊在黄河的两岸
徘徊在铁道的两旁

在北方
乞丐用最使人厌烦的声音
呐喊着痛苦

说他们来自灾区
来自战地

饥饿是可怕的
它使年老的失去仁慈
年幼的学会憎恨

在北方
乞丐用固执的眼
凝视着你
看你在吃任何食物
和你用指甲剔牙齿的样子

在北方
乞丐伸着永不缩回的手
乌黑的手
要求施舍一个铜子
向任何人
甚至那掏不出一个铜子的兵士

(生齐读)

三、把握意象情感

(1) 师:明确了写作的缘起,我们就初步了解了诗歌的感情基调,但是要真正准确细致地把握诗歌情感,还需要从诗歌的意象着手。请同学们小组合作,在《手推车》和《乞丐》中任选一首,找出意象以及意象特征,确定感情基调,用恰当的语气语调读出来。

PPT提供资料:

情感基调:主要有欢快、忧愁、寂寞、伤感、恬淡、闲适、激愤、思念、激昂、消沉、婉约、清新、明丽、豪迈、豪放、奔放、刚劲、低沉、幽怨、哀伤、凄凉、缠绵、积极、消极、朴素、忧国(民)、送别、思乡等。

生小组合作,完成任务。

回答示例:《乞丐》。

① 意象:乞丐、声音、眼、手等。

② 意象特征:声音在“呐喊着痛苦”、眼睛凝视着你吃“任何食物”、伸出“永不缩回的”“乌黑的手”……

③ 感情基调:伤感的、悲痛的、愤恨的。

④ 表达情感:乞丐由于饥饿、由于战争有了这样令人震动的形象,乞丐的这

一形象正是战争真实图像的缩影。读此诗，我们可以感受到诗人对战争的憎恨和反对。

（2）师：通过以上活动，大家对艾青的诗有了什么新的认识？

回答示例：

① 今天我们探究的艾青诗歌，写作缘起是一致的，都是他看到眼前的景物，触动了内心的情怀而写成的。可见，作为诗人，艾青创作的诗歌的时代感是十分鲜明的。

② 从今天的学习中，我感受到，艾青对生活的观察是细致的，也是与众不同的。他能在大家共有的日常生活中，观察到不一样的东西。这些东西触动了他的心灵，化成他的诗后，又能触动我们的心灵。

……

四、总结提升

师：今天，探究学习艾青诗歌，同学们有怎样的收获？

回答示例：

① 艾青诗歌数量丰富，可以进行多种角度的专题探究。

② 读艾青的诗歌，是一次对现代诗的再学习，无论从什么角度探究，都不能丢掉阅读诗歌的基本路径。

③ 通过专题探究，发现艾青诗歌的独特之处。

现代诗PK

——《艾青诗选》拓展课

【教学目标】

（1）在比较阅读中感受艾青诗歌的散文美。

（2）对现代诗不同的艺术特色有简单的了解。

【课时安排】 一课时。

【教学过程】

一、导入

在同学们的知识储备中，一定少不了现代诗的身影，请大家说出印象最深刻的一首现代诗，可以是整首诗歌，也可以是最喜欢的一两句诗。

回答示例：

① 黑夜给了我黑色的眼睛，我却用它寻找光明。

——顾城《一代人》

② 轻轻的我走了，正如我轻轻的来；我轻轻的招手，作别西天的云彩。

——徐志摩《再别康桥》

③ 撑着油纸伞，独自彷徨在悠长，悠长又寂寥的雨巷

——戴望舒《雨巷》

④ 有的人活着，他已经死了；有的人死了，他还活着。

——臧克家《有的人》

⑤ 卑鄙是卑鄙者的通行证，高尚是高尚者的墓志铭。

——北岛《回答》

总结：看来，大家对现代诗还是有一些了解的，那么，这么多的诗人，艾青的独特性，他的特长甚至他的局限性体现在什么地方呢？今天就让我们拿一些熟悉的现代诗作和艾青的诗歌进行对比，感受艾青的与众不同。

二、对比求异，初步感知散文美

（1）首先，我们一起来读一读闻一多的《死水》和艾青的《我爱这土地》。

PPT呈现：

死水

闻一多

这是一沟绝望的死水，
清风吹不起半点漪沦。
不如多扔些破铜烂铁，
爽性泼你的剩菜残羹。

也许铜的要绿成翡翠，
铁罐上锈出几瓣桃花；
再让油腻织一层罗绮，
霉菌给他蒸出些云霞。

让死水酵成一沟绿酒，
漂满了珍珠似的白沫；
小珠们笑声变成大珠，
又被偷酒的花蚊咬破。

那么一沟绝望的死水，
也就夸得上几分鲜明。
如果青蛙耐不住寂寞，
又算死水叫出了歌声。

这是一沟绝望的死水，
这里断不是美的所在，
不如让给丑恶来开垦，
看他造出个什么世界。

我爱这土地

艾青

假如我是一只鸟，
我也应该用嘶哑的喉咙歌唱：
这被暴风雨所打击着的土地，
这永远汹涌着我们的悲愤的河流，

这无止息地吹刮着的激怒的风，
和那来自林间的无比温柔的黎明……
——然后我死了，
连羽毛也腐烂在土地里面。

为什么我的眼里常含泪水？
因为我对这土地爱得深沉……

(指定学生朗读这两首诗歌)

(2) 这两首诗歌，差别还是比较大的。咱们先从诗歌的形式入手，比较一下它们的区别。

(生思考后回答)

回答示例：

① 闻一多的《死水》每节四行，每行九个字，非常整齐，而艾青的《我爱这土地》每节的行数和每行的字数都不一致，比较自由灵活。

② 闻一多的《死水》虽然没有严格押韵，但是每节诗的第二句和第四句在韵脚上是十分接近的，而艾青的《我爱这土地》几乎完全没有考虑押韵的问题。

③ 闻一多的《死水》首尾两节诗遥相呼应，显得很严谨，而艾青的《我爱这土地》两段诗的内容差异较大，也是比较灵活的写法。

……

(3) 总结。从这一比较我们不难得出，艾青的诗歌，在形式上是比较灵活自由的。有的人说，艾青的诗歌吸收了散文的精华，诗句常以长短相见，自由活泼地表现，无拘无束，这是他诗歌散文美的一大表现。

三、对比求同，深入感受散文美

(1) 形式上的自由是艾青诗歌散文美的一大表现，那么除此之外，艾青的诗歌还用什么来体现他对散文美的追求呢？下面先请大家阅读戴望舒的《我的记忆》和艾青的《大堰河——我的保姆》的片段，看看这两首诗的共同之处。

PPT 呈现：

我的记忆(节选)

戴望舒

我的记忆是忠实于我的，
忠实甚于我最好的友人。
它生存在燃着的烟卷上，
它生存在绘着百合花的笔杆上，
它生存在破旧的粉盒上，

它生存在颓垣的木莓上，
它生存在喝了一半的酒瓶上，
在撕碎的往日的诗稿上，
在压干的花片上，
在凄暗的灯上，
在平静的水上，
在一切有灵魂没有灵魂的东西上，
它在到处生存着，
像我在这世界一样。
……
它是琐琐地永远不肯休止的，
除非我凄凄地哭了，
或者沉沉地睡了，
但是我永远不讨厌它，
因为它是忠实于我的。

大堰河——我的保姆(节选)

艾青

大堰河，是我的保姆。
她的名字就是生她的村庄的名字，
她是童养媳，
大堰河，是我的保姆。
……
大堰河，为了生活，
在她流尽了她的乳汁之后，
她就开始用抱过我的两臂劳动了；
她含着笑，洗着我们的衣服，
她含着笑，提着菜篮到村边的结冰的池塘去，
她含着笑，切着冰屑悉索的萝卜，
她含着笑，用手掏着猪吃的麦糟，
她含着笑，扇着炖肉的炉子的火，
她含着笑，背了团箕到广场上去，
晒好那些大豆和小麦，

大堰河,为了生活,
在她流尽了她的乳液之后,
她就用抱过我的两臂,劳动了。
……
大堰河,
我是吃了你的奶而长大了的
你的儿子,
我敬你
爱你!

(2) 小组讨论,这两首诗在语言风格和意境的营造上有什么相同?

(学生小组讨论后回答)

回答示例:

① 这两首诗中都有排比句出现,戴望舒的《我的记忆》中有一段:

它生存在燃着的烟卷上,它生存在绘着百合花的笔杆上,它生存在破旧的粉盒上,它生存在颓垣的木莓上,它生存在喝了一半的酒瓶上,在撕碎的往日的诗稿上”。

艾青的《大堰河——我的保姆》中也有这样的语段:

“她含着笑,洗着我们的衣服,她含着笑,提着菜篮到村边的结冰的池塘去,她含着笑,切着冰屑悉索的萝卜,她含着笑,用手掏着猪吃的麦糟,她含着笑,扇着炖肉的炉子的火,她含着笑,背了团箕到广场上去”。

② 这两首诗都关注了生活的细节,用生活的细节营造了一种现实的意境。

在这节课刚开始的时候,有同学背诵了戴望舒的《雨巷》,在他背诵的语句中,我感受到是一种刻意营造的浪漫的意境,和这两首诗是不一样的。

③ 还有语言风格的相同,两首诗中都运用了口语,尤其是艾青诗歌的结尾,那就是一种口语化的表达,让诗歌更亲切,有一种自由的叙述风格。

总结:是的,从比较中我们发现,艾青诗歌的散文美还体现在他没有对意境刻意营造上,体现在他以日常口语和生活细节入诗的亲切与自由上。其实,艾青的这种诗歌艺术是受到了戴望舒的启发的,所以两首诗表现出了很多方面的相似性。

四、布置作业

不管是闻一多的严谨整饬还是艾青的自由灵活,都是诗歌艺术中不可或缺的风格表现,你究竟更喜欢哪一种诗歌风格呢?请仿照今天所提供的三首诗中的任意一首,写一首属于你的现代诗吧。

五、板书设计

艾青诗选	形式	自由灵活
	意境	日常亲切
	语言	口语化

水浒故事会

——《水浒传》导读课

【教学目标】

(1) 开展《水浒传》故事会，激发阅读兴趣。

(2) 拟订阅读计划，安排阅读时间。

【课时安排】 一课时。

【教学过程】

一、导入

好汉团结是座山，好山就在水旁边。
风云际会人马动，一声长啸天地间。
英魂聚散一千年，山高水远有遗篇。
如今师生早开卷，水浒故事留心间。

请各小组做好准备，《水浒传》故事会即将开始。

二、看人物、说情节

要求：根据老师给出的人物(PPT 显示)，各小组抢答，尽量以动宾短语的形式说出与人物相关的故事情节，越多越好。

参考示例：

宋江(及时雨)，主要事迹：私放晁盖、怒杀阎婆惜、浔阳楼题反诗、三打祝家庄、排九宫八卦阵。

林冲(豹子头)，主要事迹：误闯白虎堂、风雪山神庙、火烧草料场、棒打洪教头、雪夜上梁山、火并王伦。

鲁智深(花和尚)，主要事迹：拳打镇关西、倒拔垂杨柳、大闹五台山、大闹野猪林、火烧瓦罐寺。

武松(行者)，主要事迹：血刃潘金莲、斗杀西门庆、醉打蒋门神、大闹飞云浦、血溅鸳鸯楼、除恶蜈蚣岭。

吴用(智多星)，主要事迹：智取生辰纲、智赚玉麒麟、自缢蓼儿洼。

李逵(黑旋风)，主要事迹：斗浪里白条、中州劫法场、真假李逵、沂岭杀四虎、元夜闹东京。

杨志(青面兽)，主要事迹：杨志卖刀、智取生辰纲、北京斗武。

晁盖(托塔天王),主要事迹:智取生辰纲、攻打曾头市。

卢俊义(玉麒麟),主要事迹:大战昱岭关、兵陷青石峪、大战玉田县、活捉史文恭。

孙二娘(母夜叉),主要事迹:十字坡卖人肉、主持梁山西山酒店、征讨方腊。

三、说故事,考细节

要求:每小组述说一个最擅长的水浒传中的故事,并根据故事细节设计若干题目,其他小组同学抢答。

参考示例如下。

(1) 林冲别了智深,急跳过墙缺,和锦儿径奔岳庙里来,抢到五岳楼看时,见了数个人,拿着弹弓、吹筒、粘竿,都立在栏干边;胡梯上一个年少的后生,独自背立着,把林冲的娘子拦着道:"你且上楼去,和你说话。"林冲娘子红了脸道:"清平世界,是何道理把良人调戏!"

① 文中"年少的后生"是谁?(高衙内)

② 他后来如何陷害林冲的?(陆谦设计,林冲带刀误入白虎堂,被发配沧州)

(2) 话说当时薛霸双手举起棍来,望林冲脑袋上便劈下来。说时迟,那时快,薛霸的棍恰举起来,只见松树背后雷鸣也似一声,那条铁禅杖飞将来,把这水火棍一隔,丢去九霄云外,跳出一个胖大和尚来,喝道:"洒家在林子里听你多时!"两个公人看那和尚时,穿一领皂布直裰,跨一口戒刀,提着禅杖,轮起来打两个公人。

① 文中"洒家"是谁?"林子"叫什么地方?(鲁智深)(野猪林)

② 薛霸为何要杀林冲?(高太尉派陆虞候吩咐两个公人害林冲的性命)

(3) 晁盖道:"你来我这村中投奔谁?"那汉道:"我来这村中投奔一个好汉。"晁盖道:"这好汉叫做甚么?"那汉道:"他唤做晁保正。"晁盖道:"你却寻他有甚勾当?"那汉道:"他是天下闻名的义士好汉。如今我有一套富贵要与他说知,因此而来。"晁盖道:"你且住,只我便是晁保正,却要我救你,你只认我做娘舅之亲。少刻,我送雷都头那人出来时,你便叫我做阿舅,我便认你做外甥,只说四五岁离了这里,今番来寻阿舅,因此不认得。"

① 文中"那汉"是谁?(刘唐)

② 他说的"如今我有一套富贵要与他说知",指什么事情?(北京大名府梁中书要送十万贯生辰纲给自己的丈人蔡太师)

(4) 太公道:"教头在上,老汉祖居在这华阴县界,前面便是少华山。这村便唤做史家村,村中总有三四百家,都姓史。老汉的儿子从小不务农业,只爱刺枪使棒。母亲说他不得,怄气死了,老汉只得随他性子。不知使了多少钱财,投师父教他……”

① 文中的“教头”和“老汉的儿子”各是谁?(王进)(九纹龙史进)

② “教头”为何来到史家村?(王进因为怕高俅报复逃到了史家村)

四、订计划、明要求

要求:按照表1,制订阅读计划。

表1 阅读计划

阶段	任务	要求
第一阶段		
第二阶段		
第三阶段		

五、板书设计

动宾短语　　私放 晁盖

　　　　　　动　宾

宋江之辩

——《水浒传》推进课

【教学目标】

(1) 梳理人物变化,把握人物形象。

(2) 评价关键人物,培养辩证思维。

【课时安排】 一课时。

【教学过程】

一、"图"说李逵

师:同学们,读完《水浒传》,大家应该对梁山泊的英雄好汉有了一定的了解。漫画家黄永玉看完《水浒传》之后,就用画笔给不少水浒英雄描出图像,出版了一本非常有名的漫画集《黄永玉大画水浒》。下面这幅图就是出自此书,请同学们猜猜他是谁?并概括有关他的故事情节。

(PPT 显示图 1)

图 1 人物画像 1

生:李逵。

师(追问):你依据什么来判断的?

生:画上的题字,还有画中人物的外貌,以及他手中拿着的板斧。

师:你能概括几个与他有关的故事情节吗?

生 2:江州劫法场,真假李逵,李逵斧劈罗真人,黑旋风斗浪里白条,沂岭杀四虎……

师:由此可见,李逵是一个什么样的人?

生 3:粗鲁、率真、孝顺、忠于宋江……

二、"图"猜宋江

(PPT 显示图 2)

图 2　人物画像 2

师:这个又是谁?

生 4:宋江。

师(追问):依据是什么?

生 5:及时雨称呼,还有觉得他的面相也很像书中描述的那样。

师:那请你也仿照回目来概括一些与宋江有关的情节。

生 6:宋公明私放晁天王,宋江浔阳楼题反诗,宋江三打祝家庄,宋江三败高太尉,宋江征大辽,宋江征方腊……

(PPT 显示图 3)

图 3　人物画像 3

师:大家再看图 3,这是谁? 依据是什么?

(学生出现多种猜测,统计有高俅、童贯、柴进、宋江等,理由包括关注到官帽官服、身型矮小、面相奸诈等)

师:我们请画画的同学来说说画的是谁?

生 7:依然是宋江。

师(追问):为什么你把宋江画成这样? 是画技不好的原因吗?

生 7:因为我不怎么喜欢宋江,总觉得他就是这样。(生有议论)

师(追问):既然都是宋江,那两幅画中的宋江有什么不同?

生7:处在招安前后的不同时期,宋江发生了变化。

师:好,大家结合书中的相关内容,看看宋江是否真的发生了变化。

PPT显示:

眼如丹凤,眉似卧蚕……年及三旬,有养济万人之度量;身躯六尺,怀扫除四海之心机。……志气轩昂,胸襟秀丽。刀笔敢欺萧相国,声名不让孟尝君……为他面黑身矮,人都唤他做黑宋江;又且于家大孝,为人仗义疏财,人皆称他做孝义黑三郎。

——第十八回《美髯公智稳插翅虎　宋公明私放晁天王》

破大辽之后回京师时,天子宣命,都是披袍挂甲,戎装入城朝见。今番太平回朝,天子特命文扮,却是幞头公服,入城朝觐……宋江等二十七人,来到正阳门下,齐齐下马入朝。侍御史引至丹墀玉阶之下,宋江、卢俊义为首,上前八拜,退后八拜,进中八拜,三八二十四拜,扬尘舞蹈,山呼万岁,君臣礼足。

——第九十九回《鲁智深浙江坐化　宋公明衣锦还乡》

生8:结合这两段文字,从宋江前期的外貌描写到后期拜见皇帝时的衣着、行为描写来看,宋江确实发生了变化,给人的感觉也不同了。

三、"变"说宋江

师:宋江是梁山水泊的重要人物,梁山的起义事业既因他而发展壮大,也因他而由盛转衰。可以说宋江的变化导致了梁山的变化。梁山最典型的变化体现在忠义堂上。忠义堂本来叫"聚义厅",是宋江给它改的名字。请同学们找到"忠义堂"更名的回目、段落,我们一起来看看。(注:第六十回《公孙胜芒砀山降魔晁天王曾头市中箭》)

(PPT显示)如果你是水浒英雄李逵,你会更赞同哪一个名称?

生9:聚义厅,梁山好汉都是因为意气相投聚在一起,替天行道。

师(追问):但是当时李逵并没有反对改名啊。(生沉默,师追问)在什么时候才反对?为什么没有反对?

生10:因为李逵忠于宋江,只认宋江。

生11:忠义堂。

师(追问):依据是什么?

生11:因为名字本身有义字,涵盖了兄弟义气,所以李逵没有反对。

师(追问):那在什么时候才反对?

生12:在第七十一回才反对,即在招安的时候才反对。

师:同学们说得很好。为了加深大家的理解,我这里列举了两个问题,供大家思考。

PPT 显示：

① 李逵是一个直率的人，这样的人物最终是什么结局呢？请在书中找出答案。

② 宋江称号(及时雨、呼保义、孝义黑三郎)各有什么含义，宋江本人最终选择了哪个称号？

生 13：李逵最后的结局，是被宋江用毒酒毒杀了。

生 14：宋江最后选择了“呼保义”这个称号。书上第七十一回写道：“山顶上立一面杏黄旗，上书‘替天行道’四字，忠义堂前绣字红旗二面：一书‘山东呼保义’，一书‘河北玉麒麟’”。

师(补充)：关于“呼保义”这个称呼，老师再来给大家补充两条材料。

PPT 显示：

清人程穆衡的《水浒传注略·呼保义》条中解释“言吏员未授职，已呼之为保义也。又宋时相呼曰保义，仍亦通称，如员外之类。”从这个解释我们可知两点：一是“保义”是宋代低级官员的官名；二是宋代人相互之间，不管是不是官，都喜欢互称或自称保义。

宋江也说过：“我为人一世，只主张忠义二字，不肯半点欺心。今日朝廷赐死无辜，宁可朝廷负我，我忠心不负朝廷。”

师：根据这两则材料，同学们觉得宋江与李逵所认为的“忠义”有何区别？

(学生热烈讨论)

生 15：宋江是忠于朝廷，李逵是忠于兄弟情义。这应该代表了梁山好汉的不同理解。

师：这种不同的理解在第七十一回对于招安的意见有了一个比较明显的碰撞。我们来看一下这一部分。

PPT 显示：

乐和唱这个词，正唱到“望天王降诏早招安”，只见武松叫道：“今日也要招安，明日也要招安去，却冷了弟兄们的心！”黑旋风便睁圆怪眼，大叫道：“招安，招安！招甚鸟安！”只一脚，把桌子踢起，攧做粉碎。宋江大喝道：“这黑厮怎敢如此无礼！左右与我推去斩讫报来！”众人都跪下告道：“这人酒后发狂，哥哥宽恕。”宋江答道：“众贤弟请起，把这厮监下。”众人皆喜。

——第七十一回《忠义堂石碣受天文　梁山泊英雄排座次》

生 14：此处梁山好汉们的不同表现，事实上就代表了当时起义军内部的不同态度。

师：宋江本人忠义堂前绣字红旗是“山东呼保义”。接受招安后，随着官位越来越大，宋江越来越倾向“呼保义”这个名号，说出“宁可朝廷负我，我忠心不负朝廷”这样的话。宋江为我们呈现出印象深刻的变化，他的变化也导致梁山起义的宗旨发生了变化，这是梁山事业由盛转衰的关键！

四、“世”论宋江

师：同学们的阅读都比较细致，请大家思考下面这个问题。

PPT 显示：

结合目前阅读《水浒传》的体会，你觉得宋江主张“招安”这件事，对还是不对？请同学们各自准备，说出自己的观点，并提出依据。

生 15：不对，梁山好汉在招安后征讨方腊的时候，死伤了很多人。

生 16：对，有不少的梁山好汉都是被逼上梁山的，接受招安，他们就可以回归正常的生活。

师：大家有不同的意见，那么大家觉得宋江支持招安，是出于什么方面的考虑？

生 17：可能是为了兄弟们的前途着想。

生 18：通过前面的资料，我觉得宋江是为了博取功名吧。

师(补充)：你这个观点很重要，别忘了宋江是吏员出生，他是读书人，出于封建知识分子忠君孝父、博取功名、封妻荫子的传统思想，他应该会想方设法接受招安。(学生细细地思考体会)

五、总结提升

师：这节课，同学们通过“图说人物”，检查了自己对《水浒传》中人物的理解情况。老师在这节课上主要是带领大家分析了宋江这一人物形象，目的是引导大家举一反三，养成辩证思维，能够将人物置于社会历史环境中去考察，能辩证全面地看待人物。其实，文学作品中的经典人物都具有丰富的层次性，我们需要反复揣摩、体悟，才能真正走进人物的内心世界。

六、布置作业

以小组为单位改编并排练课本剧《梁山泊义士尊晁盖，郓城县月夜走刘唐》。

七、板书设计

变 { 聚义厅　玉麒麟 / 忠义堂　呼保义 } 社会历史

说·演·评·写

——《水浒传》拓展课

【教学目标】

(1) 通过对细节的探讨和课本剧的表演，深入理解小说的主题思想。

(2) 学会将读书与思考相结合。

【课时安排】 一课时。

【课前准备】 各小组排练改编的《梁山泊义士尊晁盖　郓城县月夜走刘唐》。

【教学过程】

一、导入

好汉团结是座山，好山就在水旁边，风云际会人马动，一声长啸天地间，英魂聚散一千年，山高水远有遗篇。细思妙解评水浒，忠义两全记心间。

二、畅所欲言谈水浒

结合《水浒传》的具体内容，说说自己的阅读感想和收获。参考示例如下。

读完全书，印在我脑海里挥之不去的只有两个字：忠、义。宋江在种种威逼利诱之下，仍然对自己的祖国忠心耿耿；林冲的妻子在林冲被逼上梁山之后，面对高俅之子的凌辱，宁死不屈，最终上吊自杀，这也是忠。一个“义”字包括了太多的内容。《水浒传》中一百零八个好汉，为朋友赴汤蹈火，两肋插刀，就只为了一个“义”字；为人民除暴安良，出生入死，也只为一个“义”字。在现实生活中，给人让座几乎谁都可以做得到，但救人于危难之中却不是谁都可以做到的。因为它需要有相当的勇气，甚至是一命换一命的决心。义，可以解释为正义。古往今来有多少英雄好汉舍生取义。难道是他们不怕死吗？不！他们为了正义，为了真理可以奋不顾身。因为强烈的正义感清楚地告诉他们，什么是不该做的，什么是值得用生命去奋斗的。李逵生性鲁莽，性情暴躁，经常为小事与他人发生冲突，甚至搞出人命案。但他却能够路见不平，拔刀相助，令那些丧尽天良的家伙们闻风丧胆。在现实生活中，虽然没有这样惊心动魄的大事发生，但“义”字却渗透着我们的生活。对朋友讲义气，是小义。对素不相识的人或事物也用一种正义的眼光去看待，就是大义。

三、各尽其能演水浒

(PPT 显示)

① 各小组表演《梁山泊义士尊晁盖　郓城县月夜走刘唐》。(限时 5 分钟)

② 交流点评。引导学生从改编情节的增减、人物形象的塑造、主题的把握、古白话的运用、布景和道具等多角度进行评价。

四、细思妙解评水浒

我们知道,"刘唐送金"是受晁盖之命,代表梁山诸人感谢宋江。请细读《梁山泊义士尊晁盖,郓城县月夜走刘唐》中的相关片段,看能否发现疑点。

参考示例如下。

第一,刘唐并不认识宋江,为什么晁盖要派他来?

第二,刘唐江湖绰号"赤发鬼",他的面相不一般,一身黑肉,紫黑阔脸,鬓边一搭朱砂记,上面有一片黑黄毛。理论上来说,刘唐的相貌具有很显著的特征,派他来显然不合情理。

第三,刘唐在灵官庙被雷横一行人当作贼捉拿过。县衙有人见过他。为什么还要派他来?(晁盖派人营救白胜,还知道要安排陌生人去)而且,刘唐"把脸别转着看那县里""走得蹊跷"。

第四,刘唐来送金子,为什么还另带一封书信。如果被抓,这就是"把柄"!

第五,一百两金子,三个人怎么分?宋江报信,朱仝和雷横并不知道,而朱仝释放晁盖,宋江和雷横也不知道,且雷横什么也没做。

因此,派刘唐送金子,表面上看是晁盖作为大哥,讲义气重情义,实际上则是想利用金子和书信"害"人。宋江看出来了,"再说宋江与刘唐别了,自慢慢行回下出来,一头走,一面肚里寻思道:'早是没做公的看见,争些儿惹出一场大事来!'一头想:'那晁盖倒去落了草,直如此大弄。'"后来,宋江就因为那封信坏了事,最后不得不逃走,但他多次拒绝晁盖入伙梁山。晁盖派刘唐送金子其实另有他意。

五、布置作业

选择《水浒传》中你喜欢的内容细细品读,看看有没有新发现。以"探秘"为题,写一篇读书心得。

六、板书设计

情节　人物　主题　对白　道具

范进中举后……

——《儒林外史》导读课

【教学目标】

(1) 展演《范进中举》片段,激发兴趣。

(2) 猜读范进未来,初步理解小说主题。

(3) 借助目录梳理小说内容,制订阅读计划。

【课时安排】 一课时。

【教学过程】

一、展演点评,激发兴趣

(1) 师:同学们,课文《范进中举》描写了范进这样一个落魄的读书人在中举前后的变化,我们学这篇课文的时候,很多同学赞叹书中对范进、胡屠户等诸多人物的描写。于是,就有同学利用课间时间,以《范进中举》的片段为蓝本,排演了一出戏剧,下面让我们一起来欣赏一下。

学生表演剧本《范进中举》,剧本如下。

第一幕

人　物　范进、胡屠户、母亲、妻子

地　点　范进家中

范进进学回家,母亲、妻子俱各欢喜,正待烧锅做饭。丈人胡屠户手里拿着一副大肠和一瓶酒大摇大摆走上来。范进向胡屠户作揖,坐下。

胡屠户　我自倒运,把个女儿嫁与你这现世宝,历年以来,不知累了我多少。如今不知因我积了甚么德,带挈你中了个相公,我所以带个酒来贺你。

范　进　(嗫嚅着)是……是……(站起,转向妻子)你把肠子煮了,烫起酒来。(转向胡屠户,复坐下)

胡屠户　(转向范进母亲)亲家母也来这里坐着吃饭。(面向范进)老人家每日小菜饭,想也难过。我女孩儿也吃些。自从进了你家门,这十几年,不知猪油可曾吃过两三回哩!可怜!可怜!

(婆媳两个上,坐下吃饭)

胡屠户　你如今既中了相公,凡事要立起个体统来。比如我这行事里,都是些正经有脸面的人,又是你的长亲,你怎敢在我们跟前装大?若是家门口这些做田的，扒粪的，不过是平头百姓，你若同他拱手作揖，平起平坐，这就是坏了学校规矩，连我脸上都无光了。

范　进　岳父见教的是。

胡屠户　你是个烂忠厚没用的人，所以这些话我不得不教导你，免得惹人笑话。罢了，今天天也晚了，我先回去了。（胡屠户横披了衣服，腆着肚子下，范进与母亲千恩万谢）

第二幕

人　物　范进、胡屠户、邻居甲、邻居乙、众人

地　点　集上

（范进得知中举，喜极而疯，跑到集上。胡屠户在众人劝说下一巴掌将范进打醒）

范　进　我怎么坐在这里？这半日，昏昏沉沉，如在梦里一般。

邻居甲　（恭谨地）老爷，恭喜高中了。适才欢喜的有些引动了痰，方才吐出几口痰来，好了。快请回家去打发报录人。

范　进　是了。我也记得是中的第七名。

（范进自绾了头发，邻居甲端水来给范进洗脸，邻居乙把跑丢的鞋寻来替范进穿上。见胡屠户挤过众人，走到范进跟前）

范　进　（略一瑟缩）岳父。

胡屠户　贤婿老爷，方才不是我敢大胆，是你老太太的主意，央我来劝你的。

邻居甲　胡老爹方才这个嘴巴打得亲切，少顷范老爷洗脸，还要洗下半盆猪油来。

邻居乙　老爹，你这手明日杀不得猪了。

胡屠户　我那里还杀猪！有我这贤婿，还怕后半世靠不着也怎的？我每常说，我的这个贤婿，才学又高，品貌又好，就是城里头那张府、周府这些老爷，也没有我女婿这样一个体面的相貌。你们不知道，得罪你们说，我小老这一双眼睛，却是认得人的。想着先年，我小女在家里长到三十多岁，多少有钱的富户要和我结亲，我自己觉得女儿像有些福气的，毕竟要嫁与个老爷，今日果然不错！”（说罢，哈哈大笑）

（众人笑。笑毕，范进先走，屠户和邻居跟在后面，屠户一路低着头替范进扯了几十回衣裳后襟）

（2）师：欣赏完了，请大家来点评一下这段表演，可以从剧本的编写、人物形象的塑造等角度来谈。

回答示例如下。

① 我觉得剧本编写得很好，抓住了范进中举前后有着鲜明对比的两个片

段，让观看的人更能感受到小说中浓浓的讽刺味道。

② 我觉得这个剧本缺一点力量，如果能够把范进发疯的那段也加进去，可能效果会更好。

③ 我认为同学们演得很精彩，就和我心中的范进、胡屠户是一样的。

（3）师：老师觉得同学们很厉害！你们的这个剧本把范进中举前后的变化表现得十分逼真。可见，大家对《范进中举》这篇课文印象很深、理解很透。

二、猜读范进，理解主题

（1）师：这篇课文让我知道了范进中举这件事，也让我对范进中举后发生的事情产生了浓厚的兴趣。大家猜猜看，范进中举后，作者还会写他什么？

可能的回答：

① 写范进趾高气扬、洋洋得意的姿态。

② 写范进为官后的种种劣迹。

③ 写范进为官后不久就被罢免，或者去世了，最终落得一场空。

（2）师：我们不妨到书中看看，作者是不是和我们想的一样呢？请大家翻看目录，或是快速浏览《儒林外史》，找出其他与范进相关的文段。

范进中举后与范进有关的语段：

会试已毕，范进果然中了进士。授职部属，考选御史。数年之后，钦点山东学道，命下之日，范学道即来叩见周司业。周司业道："山东虽是我故乡，我却也没有甚事相烦；只心里记得训蒙的时候，乡下有个学生，叫做荀玫，那时才得七岁，这又过了十多年，想也长成人了。他是个务农的人家，不知可读得成书，若是还在应考，贤契留意看看，果有一线之明，推情拔了他，也了我一番心愿。"范进听了，专记在心，去往山东到任。考事行了大半年，才按临兖州府。生童共是三棚，就把这件事忘断了。直到第二日要发童生案，头一晚才想起来，说道："你看我办的是甚么事！老师托我汶上县荀玫，我怎么并不照应？大意极了！"慌忙先在生员等第卷子内一查，全然没有。随即在各幕客房里把童生落卷取来，对着名字、坐号，一个一个的细查。查遍了六百多卷子，并不见有个荀玫的卷子。学道心里烦闷道："难道他不曾考？"又虑着："若是有在里面，我查不到，将来怎样见老师？还要细查。就是明日不出案也罢。"一会，同幕客们吃酒，心里只将这件事委决不下。众幕宾也皆疑猜不定。

内中一个少年幕客蘧景玉说道："老先生，这件事倒合了一件故事。数年前，有一位老先生点了四川学差，在何景明先生寓处吃酒，景明先生醉后大声道：'四川如苏轼的文章，是该考六等的了。'这位老先生记在心里，到后典了三年学差回来，再会见何老先生，说：'学生在四川三年，到处细查，并不见苏轼来考。想是临场规避了。'"说罢，将袖子掩了口笑；又道："不知这荀玫是贵老师怎么样向老先生说的?”范学道是个老实人,也不晓得他说的是笑话,只愁着眉道:“苏轼既文章不好,查不着也罢了。这荀玫是老师要提拔的人,查不着,不好意思的。”一个年老的幕客牛布衣道:“是汶上县?何不在已取中入学的十几卷内查一查,或者文字好,前日已取了,也不可知。”学道道:“有理,有理。”忙把已取的十几卷取了,对一对号簿,头一卷就是荀玫。学道看罢,不觉喜逐颜开,一天愁都没有了。

——第七回《范学道视学报师恩　王员外立朝敦友谊》

(3) 书中作者对范进的描写,和你的猜测有什么不同?

(学生小组讨论、交流)

回答示例如下。

① 作者并没有将范进作为主要人物来写,而是众多读书人中的一个,写完他最精彩的部分就没有再过多的提及他了。而我们是根据《范进中举》这一篇文章来看的,就以为范进是本书的主人公,作者还会写他之后的事。

② 按我的思路,既然中举了,之后就应该写范进做官的事,结果书中写的事虽然跟他做官有关,但是主要落在讽刺他不知苏轼这个事上。

(4) 师:大家思考一下,作者为什么会有这样的安排呢?

(学生小组讨论、交流)

回答示例:这和作者的写作目的有关,吴敬梓写《儒林外史》,主要讽刺了封建科举制度对读书人的戕害,所以他所写的故事,他的结构框架,都是为此服务的。

三、看目录,订计划

师:最后请同学们根据目录,制订阅读计划(表 1),并按照计划开始《儒林外史》的阅读之旅吧。

表 1　阅读计划

阶段	任务	要求
第一阶段		
第二阶段		
第三阶段		

填写示例如表 2 所示。

表 2 阅读计划示例

阶段	任务	要求
第一阶段	通读全书	按每天四回的速度通读全书，了解书中的读书人。
第二阶段	专题探究： 1. “儒林奇士”故事会 2.《儒林外史》中的讽刺艺术	例：“儒林奇士”故事会 4. 列出“儒林奇士”排行榜； 5. 讲故事，说理由； 6. 讨论：我们应以怎样的态度看待这些“奇士”
第三阶段	学写讽刺故事	仿照《儒林外史》的讽刺手法，写一个讽刺小故事

四、布置作业

根据阅读规划，完成整本书的第一轮阅读。

五、板书设计

剧本编写　　合理

人物塑造　　生动

“儒林奇士”

——《儒林外史》推进课

【教学目标】

（1）开展“儒林奇士”争榜赛，分享读书感受。

（2）讨论“奇士”形象，深入理解小说主题。

【课时安排】 一课时。

【教学过程】

一、预习准备

完成“儒林奇士”排行榜。

《儒林外史》 儒林奇士排行榜之第____名
姓名：
身份：
奇闻轶事：
上榜理由：

二、讲故事，争榜首

开展“儒林奇士”打榜赛，规则如下：

① 小组讨论交流，确定本组打榜“奇士”；

② 小组合作准备“奇士”事迹以及上榜理由，推选组内一名成员，上台讲述；

③ 讲述者组内模拟演练，同组同学提建议；

④ 各组依次上台讲述。

讲述完成后，每位同学投票，统计得票，列出最终排名。

三、讨论形象，理解主题

（1）师：故事里的这些“奇士”，或奇在悭吝贪婪或奇在欺世盗名或奇在冷漠无情……同学们在讲述上榜理由的时候，老师能够听出，大家对这些行为是隐含着谴责的。在这里，老师感到很纳闷，《儒林外史》中的那么多人物，难道就没有谁的“奇”是积极的，是正面的？

回答示例如下。

①《儒林外史》中，也有正面积极的读书人形象。如开篇的王冕，出身贫苦，从小给人家放牛，后来一直自食其力，靠绘画为生，视功名如浮云。

② 还有杜少卿，作者花了很多篇幅描写他，他反对科举制度，瞧不起作八股文的儒生，认为“这学里的秀才，未见得好似奴才”。他极端蔑视功名富贵，甚至不喜欢别人在他跟前说人做官，说人有钱。他敢于藐视封建礼教和传统习俗，竟一手拿着金酒杯，一手携着他妻子的手，去逛清凉山，一边走一边大笑，使两边的游人都不敢仰视。

③ 与杜少卿性格气质相近的还有蘧景玉，虽然着墨不多，但身上却自有一种蔑视功名富贵的潇洒做派。

（2）师：之前的导读课上，我们曾经说过，《儒林外史》的主题是揭露封建科举制度对读书人的戕害。现在，我们看到这么多或正面或反面的读书人在小说中的故事，便可以判断小说的主题绝不单纯只有一个。在阅读完整部小说后，你们觉得《儒林外史》的主题还有哪些呢？

（小组讨论、交流）

回答示例如下。

① 从小说中对国运的讨论，我看出这部小说还可能表达了对民族家国兴亡的沉痛思虑。

② 从作者对这些人物细腻真实的心理描写，我读出了作者对八股取士的制度下，灵魂扭曲的读书人的精神拷问。

③ 从匡超人由忠厚孝顺到虚伪狡诈、忘恩负义的变化，我读出了士子心灵漂泊的悲凉。

四、总结提升

《儒林外史》以封建时代知识分子为主要描写对象，以批判科举制度为中心内容，描绘了封建社会广阔的社会生活，揭露了封建社会末期各种丑恶现象，从而揭示了这个社会必然灭亡的命运。同学们，让我们再次翻开《儒林外史》，欣赏文字,读出作者更多的思考。

五、布置作业

继续研读小说,从主题思想、人物塑造、写作手法角度深化自己的思考。

六、板书设计

家国兴亡	思索
八股取士	拷问
士子心态	投射

讽刺艺术
——《儒林外史》拓展课

【教学目标】

(1) 分析《儒林外史》的讽刺手法。

(2) 运用《儒林外史》中所学的讽刺手法,撰写讽刺小故事。

【课时安排】 一课时。

【教学过程】

一、导入

PPT 呈现:

迨吴敬梓《儒林外史》出,乃秉持公心,指擿时弊,机锋所向,尤在士林;其文又戚而能谐,婉而多讽:于是说部中乃始有足称讽刺之书。

——鲁迅《中国小说史略》

众所周知,这是鲁迅先生《中国小说史略》中对《儒林外史》的评价,他充分肯定了《儒林外史》中的讽刺手法。现在,我们已经深入读完了整本小说,那就把目光放在小说的讽刺手法上,学习其精妙之处。

二、初探"讽刺",理解含义

(1) 日常生活中,我们也常常会听到带有"讽刺"意味的话。大家思考一下,这种日常生活中的"讽刺"和《儒林外史》中的"讽刺"是一样的么?如果不一样,你又如何理解《儒林外史》中的"讽刺"呢?

明确:生活中的讽刺有时就是一种谩骂,甚至是诅咒,而《儒林外史》中的"讽刺"则是一种艺术手法。

讽刺这种艺术手法是对假、丑、恶的否定,是一种特殊感情的表现形式,运用讽刺的目的在于揭露,揭露被讽刺者的矛盾所在,以及他的可笑可恶。

(2) 讽刺这种艺术手法在中国文学史上产生的时间是很早的,甚至可以说有了文学,也就有了讽刺文学的产生。下面我们就一起来了解一下。

PPT 呈现:

先秦诸子散文的寓言(如先秦的寓言《庄子》)、魏晋南北朝志人志怪小说(如魏晋的笔记体小说《世说新语》)、唐传奇(如唐代传奇《枕中记》)、元明戏曲(如宋元话本小说《快嘴李翠莲记》)等,都有讽刺作品或带有讽刺意味的描写。明以来的小说中,讽刺文学有了很大发展。《西游记》里有很多幽默和讽刺的描写,《聊斋志异》的某些篇章更是讽刺的佳作,但集讽刺之大成者,当推《儒林外史》。

三、再探“讽刺”,分析妙处

(1)《儒林外史》的“讽刺”手法得到了如此之高的评价。如果今天也让你用“讽刺”的手法来写一个小故事,你可以从《儒林外史》里获得哪些借鉴呢?

(小组讨论、交流)

回答示例:① 可以用夸张的手法来写;② 可以抓住细节来写。

师:大家的判断很准确,和老师提供的资料内容十分相似。

PPT 呈现:

《儒林外史》讽刺手法多种多样。小说运用对比凸显讽刺效果。文中写范进中举之前,家里人常常挨饿,借贷无门;中举喜报一到,众邻居一反常态,热情相待;连张乡绅也立即成了“年谊世好”,又送银子又赠屋。这种对比的手法,显现了更加尖锐的讽刺效果。当然,作者并非批评讽刺一切,而是针对具体问题,具体对待。像周进、范进中举前的落魄,作者实际上是有同情心理的,待他们中举后,变得虚伪恶劣的时候,作者的态度就变成了嘲讽,前后变化将讽刺艺术表现得淋漓尽致。

作者还善用白描刻画人物。书中第三回写范进进考场,对他的外形描写,虽然只是简单几笔,却勾勒出范进落魄的可怜相,充满着作者深切的同情。

除此之外,作者还大量运用了夸张、细节描写、环境描写等手法来刻画人物。大家看,对比、白描、夸张、细节描写、环境描写,这些都是吴敬梓实现讽刺的手法,接下来我们一一探究学习。

(2)小组合作,从对比、夸张、细节描写中任选一个角度,从《儒林外史》中找出相应语段,分析其妙处。

回答示例如下。

① 细节描写。

严监生喉咙里痰响得一进一出,一声不倒一声的,总不得断气,还把手从被单里拿出来,伸着两个指头。大侄子走上前来问道:“二叔,你莫不是还有两个亲人不曾见面?”他就把头摇了两三摇。二侄子走上前来问道:“二叔,莫不是还有两笔银子在那里,不曾吩咐明白?”他把两眼睁的溜圆,把头又狠狠摇了几摇,越发指得紧了。奶妈抱着哥子插口道:“老爷想是因两位舅爷不在跟前,故此记念。”他听了这话,把眼闭着摇头,那手只是指着不动。赵氏慌忙揩揩眼泪,走近上前道:“爷,别人都说的不相干,只有我晓得你的意思!你是为那灯盏里点的是两茎灯草,不放心,恐费了油,我如今挑掉一茎就是了。”说罢,忙走去挑掉一茎。众人看严监生时,点一点头,把手垂下,登时就没了气。

分析：两个手指头，平平常常，微不足道。可是，吴敬梓却牢牢地抓住了它，并进行了细致的描绘。严监生气息奄奄，连话都不会说了，可总是断不了气。他关心着一件事情，挣扎着把手从被单里拿出来，伸着两个指头。他关心着一件什么样的重大事情呢？不是两位亲人不得见面，也不是两笔银子没有吩咐，更不是两位舅爷不在跟前，而是灯里两根灯草费了油！点灯费油，死不瞑目！吴敬梓就是这样，通过对两个指头的着力描摹，讽刺了一个封建地主爱财如命的性格，丰富了这一典型的文学形象。

② 夸张手法。

（范进）把两手拍了一下，笑了一声道："噫！好了！我中了！"说着，往后一跤跌倒，牙关咬紧，不省人事。

（范进）一脚踹在塘里，挣起来，头发都跌散了，两手黄泥，淋淋漓漓一身的水。

分析："中举发疯"在当时的士人中虽不是普遍现象，却也是"会有的实情"。作者正是运用这种夸张的手法，通过一拍、一笑、一说、一跌几个动作，就把范进狂喜而疯、昏厥倒地的情景突现出来。接着，作者又描绘一幅更精彩的漫画："（范进）一脚踹在塘里，挣起来，头发都跌散了，两手黄泥，淋淋漓漓一身水"。范进这种疯狂十足、狼狈不堪的丑态怎不令人捧腹大笑，达到讽刺的效果？

③ 对比手法。

又过了几日，在水西门搭船。到了池口，只见又有两个人搭船，舱内坐着。彼此谈及，鲍文卿说要到向太爷衙门里去的。那两人就是安庆府里的书办，一路就奉承鲍家父子两个，买酒买肉，请他吃着。晚上候别的客人睡着了，便悄悄向鲍文卿说："有一件事，只求太爷批一个'准'字，就可以送你二百两银子。又有一件事，县里详上来，只求太爷驳下去，这件事竟可以送三百两。你鲍太爷在我们太老爷眼前恳个情罢！"鲍文卿道："不瞒二位老爹说，我是个老戏子，乃下贱之人，蒙太老爷抬举，叫到衙门里来，我是何等之人，敢在太老爷跟前说情？"那两个书办道："鲍太爷，你疑惑我这话是说谎么？只要你肯说这情，上岸先兑五百两银子与你。"鲍文卿笑道："我若是欢喜银子，当年在安东县曾赏过我五百两银子，我不敢受。自己知道是个穷命，须是骨头里挣出来的钱才做得肉，我怎肯瞒着太老爷拿这项钱？况且他若有理，断不肯拿出几百两银子来寻人情；若是准了这一边的情，就要叫那边受屈，岂不丧了阴德？依我的意思，不但我不敢管，连二位老爹也不必管他。自古道：'公门里好修行。'你们伏侍太老爷，凡事不可坏了太老爷清名，也要各人保着自己的身家性命。"几句说的两个书办毛骨悚然，一场没趣，扯了一个淡，罢了。

分析：鲍文卿和两位买办，一正一贪，一场对话下来，鲍文卿的正直和买办的奸猾如在眼前。鲍文卿乃戏子出身，身份低贱，却心中有义；两位买办，身为官门中人，买卖案情，心中只有一个贪字。两相对比，何等讽刺。

四、活探“讽刺”，应用写作

《儒林外史》奠定了我国古典讽刺小说的基础，为以后讽刺小说的发展开辟了广阔的道路。下面就请同学们用刚才所学的讽刺手法，写一个源自生活的讽刺小故事，进一步深入体会《儒林外史》高超的讽刺艺术。

五、布置作业

仿写一篇讽刺小故事。

要求：主题明确，情节合理，人物形象突出，能运用至少两种讽刺手法。

六、板书设计

讽刺
- 对比
- 白描
- 夸张
- 描写（细节、环境）

戚而能谐
婉而多讽

“她”的美

——《简·爱》导读课

【教学目标】

(1) 回忆舒婷《致橡树》中“我”的形象,激发阅读兴趣。

(2) 了解小说创作背景,理解简·爱形象的意义。

(3) 拟订阅读计划,安排阅读时间。

【课时安排】 一课时。

【教学过程】

一、温故激趣

阅读舒婷的《致橡树》,理解诗中“我”的形象。

PPT 呈现:

致橡树

舒婷

我如果爱你——
绝不像攀援的凌霄花,
借你的高枝炫耀自己;
我如果爱你——
绝不学痴情的鸟儿,
为绿荫重复单调的歌曲;
也不止像泉源,
常年送来清凉的慰藉;
也不止像险峰,
增加你的高度,衬托你的威仪。
甚至日光,
甚至春雨。
不,这些都还不够!
我必须是你近旁的一株木棉,
作为树的形象和你站在一起。
根,紧握在地下;

叶，相触在云里。
每一阵风过，
我们都互相致意，
但没有人，
听懂我们的言语。
你有你的铜枝铁干，
像刀，像剑，也像戟；
我有我红硕的花朵，
像沉重的叹息，
又像英勇的火炬。
我们分担寒潮、风雷、霹雳；
我们共享雾霭、流岚、虹霓。
仿佛永远分离，
却又终身相依。
这才是伟大的爱情，
坚贞就在这里：
爱——
不仅爱你伟岸的身躯，
也爱你坚持的位置，
足下的土地。

诗人在这首诗中，塑造了一个不一样的女性形象，请大家就诗歌的内容探讨一下，这是一个怎样的女性形象。

（学生思考、交流）

明确：诗人一开始用了两个假设和六个否定性比喻，表达了自己的爱情观。作为女性，她默认应该具有脉脉含情的体贴和温柔，但又认为不能仅仅停留在这种状态；她承认铺垫和衬托能使对方的形象更加出众和威武，但又觉得这仍不能代表爱情的全部。接下来诗人描绘了理想爱情中的男女应有的姿态：他们心心相印，息息相通，有着同甘共苦的信念。诗人认为：爱情，不仅止于倾慕对方“伟岸的身躯”，而是把对方的事业追求、理想信念也纳入自己爱的怀抱，在精神上完全相融相通，“这才是伟大的爱情”。

有人说，舒婷在诗歌里勇敢地表达了爱情应该是平等的、分享的、共存的，爱情应该是建立在共同的事业和命运之上的。这样的一种爱情观，在 20 世纪 70 年代末 80 年代初无疑具有令人耳目一新、振聋发聩的效果。可是，同学们你们知道吗？早在 100 多年前，1847 年的英国，夏洛蒂·勃朗特的《简·爱》中就塑造了这样一位有着平等的爱情观的女性形象，相信大家一定很有兴趣读一读。

二、对比阅读，理解意义

(1) 有些同学会认为，《简・爱》中的女性形象和爱情观，在现代社会并不稀奇，没什么值得大加称颂的。那么，我们就先来看看英国同时期作品中的女性形象。

PPT 呈现：

语段 1：今天早晨我躺在床上，天色阴沉，我心情忧郁；我身边一个人也没有，我在想您，阿尔芒。而您呢，我在写这几行字的时候，您在哪里啊？有人告诉我说，您在离巴黎很远很远的地方，也许你已经忘记了玛格丽特。总之，愿您幸福，我一生中仅有的一些欢乐时刻是您给我的。

……

今天我病了，我可能就此一病致死。因为我一直预感到我的寿命不会太长了。我母亲是生肺病死的，这种病是她留给我的唯一遗产；而我那一贯的生活方式只会使我的病加重。我不愿意悄悄死去而不让您弄清楚关于我的一切事情，万一您回来的时候，您还在留恋那个您离开以前爱过的那个可怜姑娘的话。

——小仲马《茶花女》

语段 2：你以为我会无足轻重的留在这里吗？你以为我是一架没有感情的机器人吗？你以为我贫穷、低微、不美、渺小，我就没有灵魂，没有心吗？你想错了，我和你有一样多的灵魂，一样充实的心。假如上帝赐予我一点美，许多钱，我就要你难以离开我，就像我现在难以离开你一样。我现在不是以社会生活和习俗的准则和你说话，而是我的心灵同你的心灵讲话。

——夏洛蒂・勃朗特《简・爱》

(2) 语段 1 是《茶花女》的女主人公在弥留之际，写给自己爱人的日记；语段 2 是简・爱面对罗切斯特先生所说的爱情宣言。对比两个语段，你觉得这两个女性形象有着怎样的区别？

回答示例如下。

① 从人称的使用中，我能感受到，茶花女认为自己在男性面前，地位是比较低的，所以她用"您"称呼对方，而简・爱则认为男女是平等的，用的是"你"。

② 从语气语调里，我觉得茶花女的形象是比较温柔的，逆来顺受的；而简・爱则是坚强勇敢的。

小结：的确如此。虽然两部作品所塑造的女性形象都很典型，很成功，但是夏洛蒂・勃朗特笔下的简・爱改写了英国传统女性温柔可爱的形象，被后世视为现代女性的先驱和楷模。

三、制订阅读计划

了解了《简·爱》的创作意义后，相信大家更想到书中去一探究竟了，下面就请大家完成表1，并按照表1开始《简·爱》阅读之旅吧。

表1　阅读计划

阶段	任务	要求
第一阶段		
第二阶段		
第三阶段		

填写示例如表2所示。

表2　阅读计划示例

阶段	任务	要求
第一阶段	阅读全书	边读边画，寻找谜底
第二阶段	专题探究 1. 简·爱和我 2.《简·爱》和英国文化	例：简·爱和我 1. 分析《简·爱》中表现出的英国文化； 2. 对比《哈利·波特》，理解民族文化对作品的积极意义
第三阶段	举行“简·爱”戏剧节	1. 选择《简·爱》中的精彩片段，编写剧本，认真排演； 2. 以小组为单位，开展戏剧表演

四、布置作业

（1）根据自己的阅读计划，完成整本书的阅读。

（2）阅读小组选择《简·爱》精彩片段，编写课本剧并排演。

五、板书设计

玛格丽特　　温柔　　逆来顺受

简·爱　　坚强　　平等　　现代女性的先驱、楷模

剧说“简·爱”
——《简·爱》推进课

【教学目标】

(1) 通过剧本编写,丰富对简·爱形象的认识。

(2) 进行剧本评比,发现《简·爱》新的阅读价值。

【课时安排】 一课时。

【教学过程】

一、课前准备

教师将《简·爱》的内容分为六个部分。

第一部分:苦难的童年(1～4章)。

第二部分:艰难中成长(5～10章)。

第三部分:体验爱情(11～27章)。

第四部分:别后(28～35章)。

第五部分:相聚(36～38章)。

全班分为五个小组,组长抽签决定本组剧本编写范围。组长课前组织本组成员从本组编写范围中任选一处精彩片段,编写成剧本,并做好课堂汇报的准备。

二、剧本汇报

学生活动:各组按照情节的先后顺序上台汇报所编写剧本。

三、评议分析

(1) 学生活动:投票评选最佳剧本。

(2) 发现魅力。

简·爱的性格充满了吸引力,我们在阅读的时候,往往不自觉地就被她独特的性格所吸引。但是,相信今天的活动,能让我们发现这部作品的其他魅力,小组讨论后,全班分享。

回答示例如下。

① 剧本里有大段的独白,可见书中的心理描写十分丰富。仔细阅读这些心理描写,也能发现它十分的细腻真实,和我们所学的中国传统小说重动作描写、语言描写是不一样的。

② 很多剧本的情节都有悬念，这是我发现的小说的另一魅力，这些悬念吸引着人们不断地阅读下去。

③ 在将小说改编成剧本的过程中，我发现小说的第一人称让阅读者很有代入感，有利于改写。

四、总结提升

经典的小说值得反复去读，每一次的阅读都会有新的发现。《简・爱》作为一部经典外国小说，相信同学们在之后阅读的时候，定会获得更多新鲜的体会。

五、布置作业

继续研读《简・爱》，思考其与中国小说的区别。

六、板书设计

心理描写	丰富
情节曲折	有悬念
第一人称	真实

“小”说“大”道

——《简·爱》拓展课

【教学目标】

(1) 感受《简·爱》中的欧洲文化。

(2) 对比阅读,体会民族文化对文学作品的积极意义。

【课时安排】 一课时。

【教学过程】

一、导入

(1) 上次的《简·爱》阅读课上,老师提醒了大家,在阅读《简·爱》时,要注意它作为外国小说,与中国小说不一样的地方,大家来谈谈自己的发现。

明确:① 描写的重点不一样;② 文化基础不一样。

(2) 明确文化基础具体指什么。

明确:① 引用的名言不一样;② 人物的宗教信仰不一样;③ 故事的结构不一样。

二、感受《简·爱》中的欧洲文化及其意义

(1) 比语段,寻根源。

对比语段,发现不同。

PPT 呈现:

语段 1(原文):她在走过时抬起了眼睛,那双眼睛闪着多么奇怪的光芒!那道光芒使我浑身充满了一种多么异乎寻常的感觉!这种新感觉给予我多大的支持!仿佛一位殉道者,一位英雄走过一个奴隶或者牺牲者的身边,刹那之间把力量也传给了他。

语段 2(改文):她在走过时抬起了眼睛,那双眼睛闪着多么奇怪的光芒!那道光芒使我浑身充满了一种多么异乎寻常的感觉!这种新感觉给予我多大的支持!

明确:语段 1 的最后一句话提到了基督教里的殉道士,这句话让我们感受到海伦给予简·爱力量,这种力量的源头是内心的信仰,是一种精神的力量,更让我们感受到海伦这个人物的崇高之处。语段 2 就缺少了这一层意义。

语段 3(原文):上帝和大自然要你做一个传教士的妻子,他们给予你的不是肉体上的能力，而是精神上的禀赋。你生来就是为了操劳，而不是为了爱情。你得做传教士的妻子——一定得做。你将属于我——不是为了快乐，而是为了对主的奉献。

语段4(改文)：上帝和大自然要你做我的妻子，你生来就是为了操劳，而不是为了爱情。你得做我的妻子——一定得做。你将属于我——不是为了快乐，而是为了奉献。

明确：语段4把所有与基督教有关的内容删除了，这样圣约翰就变成了一个极度自私狂妄的人，而原文中圣约翰的形象则是一个对基督教有着忠实信仰的人，虽然他的求婚对简·爱来说并不公平，但这并不出于他个人的自私。

(2) 观微课，明意义。

基督教的教义，特别是《圣经》，可以说是欧洲文化的根源之一，从上面的对比中我们发现，有无这些内容的融合，小说的意义区别很大。下面我们再来观看微课《〈哈利·波特〉导读》，思考分析民族文化的融入，对小说有着怎样的影响。微课脚本如下。

师：最近大家都读了"哈利·波特"系列，你们还有什么发现？

生1：我发现啊，在这个魔法的世界里，还有积淀丰富的文化。

生(齐)：对对对。

生2：《哈利·波特》中许多神奇动物的原型存在于全球神话，尤其是希腊神话中——

凤凰福克斯(出图片)：罗琳笔下的神奇动物，可以浴火重生。而在史书中也可以找到它的踪迹。罗琳描写它身体鲜红，尾巴金光闪闪，和公元前5世纪古希腊历史学家希罗多德(Herodotus)在著作《历史》(Histories)中所描述的一模一样。

三头狗路威(出图片)：希腊神话中，刻耳柏洛斯(Cerberus)是冥界的看门狗，关于它到底有几个头却没有固定的说法，但古希腊罗马作家大多认为它只有三个头。刻耳柏洛斯和毛毛还有一点是相同的：它们都会被音乐催眠。不过刻耳柏洛斯很有品位，只有像俄耳甫斯(Orpheus)那种级别的音乐家演奏七弦琴才可以催眠它(见古罗马诗人维吉尔作品《农事诗集》)，让它三张嘴巴都傻傻地张开。但是催眠毛毛就容易得多了，一架施了魔法的竖琴就可以让它入睡。

生3：《哈利·波特》中的许多名称也源自神话传说——

格兰芬多(Griffindor)：格兰芬，即"狮鹫"，是希腊神话中一种半狮半鹰的生物，基督教后来常用它作耶稣的象征，因为它代表对大地(狮子)和天空(鹰)的控制。格兰芬多学院的名称源于此，故而格兰芬多学员的院徽就是一只狮子。

赫敏·格兰杰(Hermione Granger)：Hermione 的意思是"雄辩"，在希腊神

话中赫敏是海伦和斯巴达王的女儿，通常是一个充满智慧的角色，因为太聪敏，太高傲，她常常被世人讨厌。小说中的赫敏·格兰杰也具有以上性格特征。

在小说中，我们还能看到很多英国文化的踪影，比如城堡、蒸汽机车、英雄主义等等。看来，魔法世界——不仅仅是魔法的世界！

小结：

① 融合在小说中的民族传统文化，可以让小说的表达更含蓄，也更丰富。

② 小说中融入本民族传统文化，可以让本民族文化在小说流传的过程中，也得到更广泛的传播。

③ 小说的内容也可以看作是对民族文化的一种具体解读。

三、回顾中国小说，感受中华民族文化在文学作品中的融合

(1) 明确中华民族的传统文化有哪些。

明确：① 神话传说；② 儒家文化；③ 道家文化。

(2) 回忆读过的小说，哪些融合了中华民族传统文化，向大家介绍一下。

回答示例：① 神话传说：吴承恩的《西游记》；② 儒家文化：金庸的《射雕英雄传》、施耐庵的《水浒传》、罗贯中的《三国演义》；③ 道家文化：阿城的《棋王》。

四、总结提升

传统文化是文学发展创作的源泉，立足于传统文化，才会有杰出的作品问世。希望同学们课后能多亲近祖国的传统文化，做民族文化的继承者。

五、布置作业

围绕"文学与文化"的专题，写一篇读后感。

六、板书设计

文学 ⇄ 文化

荐读名著任务单设计

《白洋淀纪事》阅读任务单

(1)《白洋淀纪事》是孙犁创作的小说、散文结集,仔细阅读,圈点勾画,梳理情节,了解主要人物形象,思考问题,完成表1。

问题1:概括书中主要情节,分析主要人物的性格特点。

问题2:孙犁善于刻画人物的内心世界,文章是如何塑造人物心灵美的?

表1 《白洋淀纪事》阅读任务单

主要人物	情节概括	人物表现	性格特点
老英雄			
水生嫂			
水生			
吴召儿			
赵老金			
王振中			

(2)《白洋淀纪事》不仅在叙事中展现人物形象,同时注重写景和抒情烘托人物形象,充满诗情画意。细细品味《芦花荡》几处景物描写,试写一个景物片段,从侧面烘托人物形象。

片段欣赏

① 月明风清的夜晚,人们的眼再尖利一些,就可以看见有一只小船从苇塘里撑出来,在淀里,像一片苇叶,奔着东南去了。

② 弯弯下垂的月亮,浮在水一样的天上。

③ 月亮落了,半夜以后的苇塘,有些飒飒的风响。

④ 在那里,鲜嫩的芦花,一片展开的紫色的丝绒,正在迎风飘撒。

《湘行散记》阅读任务单

（1）在《湘行散记》中，沈从文将湘西的故事、人物向读者一一道来。他的文字是优美的，又是天然的。细读品味，思考问题并完成表1。

问题1：书中一个个故事以什么来命名？分别叙述了怎样的故事？

问题2：沈从文对于人物命运或事件的描写，看似轻描淡写，实则浸透了作者怎样的情感？

表1 《湘行散记》阅读任务单

篇名	人物、地点、时间来命题（选填）	情节概括	作者情感
《一个戴水獭皮帽子的朋友》			
《虎雏再遇记》			
《一个爱惜鼻子的朋友》			
《一个多情水手与一个多情妇人》			
《辰河小船上的水手》			
《五个军官与一个煤矿工人》			
《老伴》			
《鸭窠围的夜》			
《桃源与沅州》			
《箱子岩》			
《滕回生堂的今昔》			
《一九三四年一月十八》			

（2）读沈从文的散文，感受湘西的风物，更重要的是感受他的那一份沉稳与大气。他的文字没有浮华，没有做作，亦没有急功近利的仓促与谄媚。单纯而又朴拙的文字如同一块巨大的磁铁，瞬间就可以把读者从各种喧嚣和浮躁里捞出来，剥去所有的虚妄与功利。哪些语言让你感受到了沈从文文字净化心灵的力量？（圈点批注）

经典语句

小小灰色的渔船，船舷船顶站满了黑色沉默的鱼鹰，向下游缓缓划去了。石滩上走着脊梁略弯的拉船人。这些东西于历史似乎毫无关系，百年前或百年后皆仿佛同目前一样。他们那么忠实庄严的生活，担负了自己那份命运，为自己，为儿女，继续在这世界中活下去。不问所过的是如何贫贱艰难的日子，却从不逃避为了求生而应有的一切努力。在他们生活爱憎得失里，也依然摊派了哭，笑，吃，喝。对于寒暑的来临，他们便更比其他世界上人感到四时交替的严肃。历史对于他们俨然毫无意义，然而提到他们这点千年不变无可记载的历史，却使人引起无言的哀戚。

《猎人日记》阅读任务单

(1)《猎人笔记》塑造了许许多多的人物，有农民、地主、管家、工人、学生、流浪汉、山贼，等等。他们共同构成了俄罗斯那个时代的集体群像。品读文章，圈点勾画，了解人物信息，思考问题，并完成表1。

问题1：了解书中主要人物及其情节，分析主要人物具有怎样的性格特点。

问题2：尝试着写出你对这个人物或好恶或同情或憎恨……的理由。

表1 《猎人日记》阅读任务单

主要人物	情节概括	人物表现	性格特点	我的看法

(2) 读完了《猎人笔记》这篇小说，相信同学们还意犹未尽。假如你在俄罗斯大地一路走过去，欣赏到了许许多多的奇异风光。山川、湖泊、丛林、草原……它们千姿百态；春夏秋冬、风雨雷电、蓝天白云……它们气象万千！请选择某处(或某些)你喜欢的“风景点”作游览介绍，并设计一条宣传语。

风景驿站

在广阔而濡湿的草地上，在前面那些发绿的小丘上，从树林到树林，在后面漫长的尘埃的道路上，在闪闪发亮的染红的灌木丛上，在薄雾底下隐隐发蓝的河面上——都流注了清新如染的晨光，起初是鲜红的，后来是大红的、金黄色的……一切都蠢动了，觉醒了，歌唱了，喧哗了，说话了。到处都有大滴的露珠像辉煌的金刚石一般发出红光；清澄而明朗的、仿佛也被早晨的凉气冲洗过的钟声迎面传来，忽然一群休息过的马由那些熟悉的孩子们赶着，从我旁边疾驰过去……

《镜花缘》阅读任务单

(1) 通读《镜花缘》这部小说,圈点勾画,梳理情节,了解主要人物形象,思考问题并完成表1。

问题1:概括书中主要情节,分析主要人物的性格特点。

问题2:《镜花缘》中涉及对几十个国家的描述,文字背后寄托着作者哪些思想?

表1 《镜花缘》阅读任务单

主要人物	情节概括	人物表现(境况)	性格特点
唐小山			
唐　敖			
林之洋			
多九儿			

(2) 生活中有很多优秀的女性,总有那么一个人物让你印象深刻,挥之不去,总有那么一个人物让你有说点什么的冲动。请描写一个片段,想象"那个人"就在你面前,你和他(或是她)面对面说话,说话时用"你"称呼"那个人",例如"唐小山,我想跟你说,你……"

《红岩》阅读任务单

同学们,你可知道,在新中国成立之前,在国民党统治下的重庆处在黎明前最黑暗的时刻,共产党地下组织也在与敌人进行着最后的顽强斗争。可以说,我们今天的和平生活是千千万万的革命者用鲜血,甚至用生命换来的,请同学们一定要珍惜现在的生活。让我们带着这份阅读任务单,阅读《红岩》,了解一下当时的严酷斗争吧。

(1)梳理与概括。

自主阅读《红岩》,记录每章节所需的阅读时间,分别概括三十个章节的主要内容,并把阅读过程中遇到的困惑记录在表1中。

表1 《红岩》阅读任务单

	阅读时间	主要内容梗概	你的困惑
第一章			
第二章			
第三章			
第四章			
第五章			
第六章			
第七章			
第八章			
第九章			
第十章			
第十一章			
第十二章			
第十三章			
第十四章			
第十五章			
第十六章			

续表

	阅读时间	主要内容梗概	你的困惑
第十七章			
第十八章			
第十九章			
第二十章			
第二十一章			
第二十二章			
第二十三章			
第二十四章			
第二十五章			
第二十六章			
第二十七章			
第二十八章			
第二十九章			
第三十章			

(2) 思考与探究。

在阅读过程中,带着下面的思考问题,对相关语段进行研读。

① 阅读第一章至第十章,思考:为了配合工人运动,重庆地下党备用联络站叫什么名字?许云峰、成岗是如何被捕的?

② 阅读第十一章至第二十章,思考:江姐被捕,关押在何处?敌人用竹签钉进了她的十指,面对毒刑,她发出了怎样的宣告?

③ 阅读第二十一章至第三十章,思考:在白公馆里装疯卖傻的共产党员是谁?他对最终的越狱计划有什么贡献?

④ 结合整本书具体情节,谈谈文中许云峰、江姐分别是一个怎样的人?

⑤ 根据整本书内容,设计一张思维导图或者人物图谱,将各个主要人物之间的关系呈现出来。

(3) 交流与解惑。

① 在班级交流会中,把有困惑的地方和没有解决的问题抛出来,向同学请教。

② 在故事分享会中,以人物为专题,讲述他们的英雄故事。

《创业史》阅读任务单

同学们，新中国成立之初，农村经济十分落后，很多农民的思想观念和生产方式仍然非常陈旧。然而，就在他们之中，也不乏这么一种人，他们淳朴肯干，头脑灵活，一心想要带领大伙儿摆脱贫困，走向共同富裕。让我们走进柳青的长篇小说《创业史》，领略我国农业合作化的历史风貌和农民群众精神世界的巨变吧！

（1）梳理与概括。自主阅读《创业史》（第一部），记录每章节所需的阅读时间，分别概括三十个章节的主要内容，并把阅读过程中遇到的困惑记录在表1中。

表1 《创业史》阅读任务单

章次	阅读时间	主要内容梗概	你的困惑
第一章			
第二章			
第三章			
第四章			
第五章			
第六章			
第七章			
第八章			
第九章			
第十章			
第十一章			
第十二章			
第十三章			
第十四章			
第十五章			
第十六章			
第十七章			

续表

章次	阅读时间	主要内容梗概	你的困惑
第十八章			
第十九章			
第二十章			
第二十一章			
第二十二章			
第二十三章			
第二十四章			
第二十五章			
第二十六章			
第二十七章			
第二十八章			
第二十九章			
第三十章			

(2) 思考与探究。在阅读过程中，带着下面的思考问题，对相关语段进行研读。

① 阅读《创业史》第一章至第十章，思考：梁生宝为了帮助大伙儿搞生产，实施了怎样的计划？改霞心中纠结什么问题？

② 阅读第十一章至第二十章，思考：梁生宝到了区公所，与区委王书记、县委杨书记谈论了哪些内容，请简要概括。

③ 阅读第二十一章至第三十章，思考：梁生宝为了筹集生产资金和度过春荒，采取了什么措施？梁生宝带领大伙儿成立了全区第一个农业社，名称叫什么？农业社的成立，对于梁生宝来说，意味着什么？

④ 请结合整本书内容，说说梁生宝是一个怎样的人？

⑤ 蛤蟆滩的“三大能人”指的是谁？他们在农业合作化的改革中分别扮演着怎样的角色？

(3) 交流与解惑。与同学一起召开《创业史》阅读成果分享交流会，向同学请教前两个环节当中的困惑。

(4) 对比阅读。读完了《创业史》和《骆驼祥子》，相信大家对这两部小说中主人公的命运感慨颇多吧。淳朴善良、踏实肯干、有理想、有追求是梁生宝和祥子的共同特征，然而结局却是不一样的，请你以“命运之我见”为题，以这两人为例，谈谈自己的一些看法。

《银河帝国·基地》阅读任务单

同学们，当你们拿到阿西莫夫的这部惊世之作时，一定充满着无限的好奇与期待吧。让我们带着这份阅读任务单，来检验一下阅读的成果吧！

(1) 梳理与概括。

自主阅读《银河帝国·基地》，记录每章节所需的阅读时间，分别概括各章节的主要内容，并把阅读过程中遇到的困惑记录在表1中。

表1 《银河帝国·基地》阅读任务单

章次	阅读时间	主要内容梗概	你的困惑
第一章			
第二章			
第三章			
第四章			
第五章			

(2) 思考与探究。

在阅读过程中，带着下面的思考问题，对相关语段进行研读。

① 阅读《银河帝国·基地》第一章，思考：银河帝国的现状是怎样的？哈里·谢顿做了哪些事情？

② 阅读第二章，思考：塞佛·哈定与"百科全书委员会"的冲突是什么？

③ 阅读第三章，思考：塞佛·哈定的名言是什么？第一次谢顿危机是如何化解的？第二次谢顿危机又是如何化解的？

④ 阅读第四章，思考：基地利用什么向外扩张？在阿斯康州，彭耶慈是怎样救出"行商"哥罗夫的？基地是如何建立由宗教控制的商业帝国的？

⑤ 阅读第五章，思考：为了贿赂科瑞尔王国领袖阿斯培，基地行商长侯伯·马洛送了什么礼物给他的夫人，这个礼物有什么神奇之处？侯伯·马洛是如何解决第三次谢顿危机的？

(3) 交流与解惑。

① 与班级的其他小小"科幻迷"们一起召开《银河帝国·基地》阅读成果分享交流会，向同学请教前两个环节当中的困惑。

② 互相交流读书体验，和伙伴们分享自己的阅读感受。

《哈利·波特与死亡圣器》阅读任务单

同学们，欢迎大家来到“哈利·波特”魔幻世界！今天开始，我们要欣赏的是英国女作家J.K.罗琳创作的《哈利·波特》终结版——《哈利·波特与死亡圣器》。读了这本书，我想大家对“死亡”和“爱”一定会有更深刻的认识。闲话少叙，让我们开始这段魔幻之旅吧！

（1）梳理与概括。

自主阅读《哈利·波特与死亡圣器》，记录每章节所需的阅读时间，分别概括三十六个章节和尾声的主要内容，并把阅读过程中遇到的困惑记录在表1中。

表1 《哈利·波特与死亡圣器》阅读任务单

章次	阅读时间	主要内容梗概	你的困惑
第一章			
第二章			
第三章			
第四章			
第五章			
第六章			
第七章			
第八章			
第九章			
第十章			
第十一章			
第十二章			
第十三章			
第十四章			
第十五章			
第十六章			
第十七章			

续表

	阅读时间	主要内容梗概	你的困惑
第十八章			
第十九章			
第二十章			
第二十一章			
第二十二章			
第二十三章			
第二十四章			
第二十五章			
第二十六章			
第二十七章			
第二十八章			
第二十九章			
第三十章			
第三十一章			
第三十二章			
第三十三章			
第三十四章			
第三十五章			
第三十六章			
尾　声			

(2) 思考与探究。

在阅读过程中,带着下面的思考问题,对相关语段进行研读。

① 阅读《哈利·波特与死亡圣器》第一章至第十章,思考:在大家准备飞往唐克斯父母的家中时,为了迷惑伏地魔手下的食死徒,穆迪想到了一个怎样的绝妙办法?正当伏地魔要利用塞尔温的魔杖杀死哈利·波特时,哈利·波特因为什么而幸免于难?赫敏和罗恩想要与哈利一起战斗,又要保全父母的安全,他们采取了怎样的措施?

② 阅读第十一章至第二十章,思考:哈利·波特和赫敏为何要去高锥克山谷,他们想要去找什么?哈利·波特进入冰冷的湖中取剑,差点丢了性命,关键时刻是谁救了他?这个情节作者想要表现的是什么?

③ 阅读第二十一章至第三十章，思考：三样“致命圣灵”的圣物分别是什么？如果你拥有其中的一件圣物，你将用它干什么？哈利·波特一行是如何逃离古灵阁的？

④ 阅读第三十一章至最后尾声，思考：伏地魔为何要杀掉一直“效忠”于自己的斯内普？伏地魔最终是怎么被杀死的？

⑤ 根据整本书内容来看，哈利·波特最终取得胜利，真的如伏地魔所说的是靠运气吗？

(3) 交流与解惑。

① 与班级的其他小小“波特迷”们一起召开《哈利·波特与死亡圣器》阅读成果分享交流会，向他们请教前两个环节中的困惑。

② 影片欣赏。找到《哈利·波特与死亡圣器》同名影片，共上下两部，邀请自己的“波特迷”好友一起观赏吧！

(4) 改编并表演。

① 改写剧本。成立话剧创作小组，选择《哈利·波特与死亡圣器》中比较精彩的片段，改编成剧本。要注意将“舞台说明”交代清楚。

② 准备与排练。成立话剧演出小组，分好角色。剧组成员分别担任导演、演员和剧务，在排练中各司其职。各位成员对文中的人物形象及其内心思想活动都要有精准的理解。反复排练，准备演出。

《长征》阅读任务单

王树增的《长征》是第一部用纪实的方式最全面地反映长征的文学作品。作者查阅了大量的史料，实地采访了许多老红军战士，书中的许多重大事件和资料都是首次披露。在书中，作者弘扬了长征体现出来的国家统一精神和不朽的信念力量。此外，作者还讲述了在这一伟大壮举中许多感人小事，把我们一下拉入到那个艰苦抗战的峥嵘岁月，让我们通过丰富的细节，更加亲近地去接触长征的历史。

(1) 梳理长征大事记。

《长征》的前言中列举了一百个事件，这些事件对人类文明发展产生了巨大影响。速读全书，记下长征前后的关键节点、重点事件，然后模仿前言部分整理出长征的大事记。

(2) 解读章节目录。

《长征》每个章节的目录都采用四字短语，如“突出重围”“绚丽之梦”“十送红军”等等，阅读自己感兴趣的章节，在标题后面加一个句子，既能解读标题，又能有所拓展。

示例：突出重围，红六军成为长征急先锋。

(3) 为长征英雄立传。

《长征》里记录和刻画了一大批为斗争事业无私奉献的人物。细读文本，选择一个你喜欢的人物，前后勾连，为他写一篇小传。

(4) 故事改编。

《长征》中有很多故事现今读来都觉得紧张激烈，矛盾尖锐，非常适合改编成剧本。请选择一个片段，将它改成课本剧。

注意：

① 把握好戏剧冲突，围绕冲突展开情节，突出主题。

② 确定角色有几人，戏剧有几幕，把握角色形象特点，编写台词。

③ 写好旁白和舞台说明，增强剧本的表现力。

《飞向太空港》阅读任务单

《飞向太空港》记录了中国西昌卫星发射中心以“长征三号”运载火箭成功发射外国卫星——美国“亚洲一号”的故事，其中既有中美专家在大凉山深处的合作与友情，也有东西方文明在现代卫星发射场上交汇时的碰撞与冲突。整部作品节奏紧凑、张弛有度，以全景式的描写完整再现了中国自主研发的运载火箭首次成功发射外国卫星的全过程。

(1)《飞向太空港》里记录了很多杰出的航天人物，如宋健、上官世盘、谢光选，等等。他们虽各有所长、个性鲜明，但都怀着一颗为祖国航天事业无私奉献的心勤恳工作。读完书籍，说说你最喜欢里面的哪位人物，他的哪些事迹深深打动了你，请你为他写一段颁奖辞。

(2) 从音乐影视作品上来说，节奏主要用于调整观众情绪和兴奋点，避免其过于情绪紧张或审美疲劳导致厌烦。写作过程中作品的节奏也常常需要调节，当作品的一个方面或者一个角度的叙述进行到一个阶段时，需要利用节奏保持读者的阅读兴趣。《飞向太空港》的写作框架是以作者的采访经历为线索，用人物、事件串联成整部作品。那么在重现采访过程的时候可能会出现阅读疲劳，这时作者就会调整一下叙述的方式，比如增加有趣的情节、改变表达的方式、制造戏剧化或有张力的叙事等，做到张弛有度。

请结合书本内容，分别举例说说书中有张有弛的地方。

张：____。

弛：____。

(3) 1990 年 4 月 7 日，长征三号运载火箭成功将“亚洲一号”卫星送入太空，这一事件轰动海内外，读完《飞向太空港》后，你能为这一事件写一则新闻吗？可以选择新闻消息、通讯或者评论来试试。

《星星离我们有多远》阅读任务单

什么是光年？夜空中最亮的恒星是什么？怎么测量星星之间的距离？当你开始思考这些问题的时候，探求科学的种子也许会悄悄种下。宇宙空间既神秘遥远又如此熟悉亲切，无数的知识等待人类去探求，《星星离我们有多远》就是这样一本探秘星空的入门级科普书。这是一本知识特别丰厚的科普书籍，有一定的阅读难度，它具有很"理性"的一面，但它的文字又特别亲切。

(1) 什么是赫罗图？什么叫作光变曲线？科学术语"红移"又是什么意思？读了这本书，你一定会大开眼界，记录整理一下你学到的知识，并且联想一下你有没有在一些科幻作品里遇到过类似的展示(表1)。

表1 《星星离我们有多远》阅读任务单

我学到了……	我看到过……

(2) 科学知识对于普通大众来说是非常枯燥的，不同的领域相互也有很多知识的障碍，如何将某类科学知识普及给他人，是每一位科普作家必须思考的。作为优秀的科普作品，在《星星离我们有多远》这本书里，作者运用了哪些方法使得"枯燥"的数据、"陌生"的术语、"生硬"的表述变得平易近人呢？试着举例分析，至少三处。

(3) 挑选你喜欢的部分，并且以此为基础撰写一篇科普演讲稿，并尝试在集体中演讲。

注意：

① 演讲稿要有明确的主题。

② 选定主题后需要跳读，选出适用的片段，加以整合。

③ 撰写时要关注演讲稿的特点：想象演讲对象、场合，注意互动性，语言具有表现力，等等。

《寂静的春天》阅读任务单

《寂静的春天》是一本促使世界环境保护事业发端的书。在这本书中，蕾切尔·卡森以生动而严肃的笔触，描写因过度使用合成药品如农药、杀虫剂等而导致环境污染、生态破坏，最终给人类带来的灾难，她指出人类过量使用农药来提高农业产量，无异于饮鸩止渴，人类应该走“另外的路”。

这本书中很多内容来自于作者对合成药品使用的调查报告，内容稍显单调，建议先快速通读一遍，然后进行梳理归纳。

(1) 阅读前十六章，请按顺序整理一份书中提到的化学合成药物清单(表 1)。

表 1　化学合成药物清单

药品名称	适用范围	毒性(可用图标显示)	使用结果

(2) 近期，全球爆发蝗灾，当蝗虫经过某地区时，当地政府采取了应急措施，用马拉硫磷以及其他杀虫剂驱蝗虫。

① 请根据书本内容写一份环保评估报告。

② 根据书中的内容，你还能给出怎样的防治蝗灾的有效建议。

(3) 环境伦理中有两种不同的声音，一个是“生态中心主义”，一个是“人类中心主义”。在生态环境和人类利益相冲突的时候，到底是“以人为本”还是“以生态环境为本”，请在班级里组织一次辩论，交流看法。

《苏菲的世界》阅读任务单

(1) 这本书是一本引人入胜的小说，也是一部通俗而有趣的哲学启蒙书。通过阅读，你能填写出下列这条哲学发展思维导图吗？(图 1)

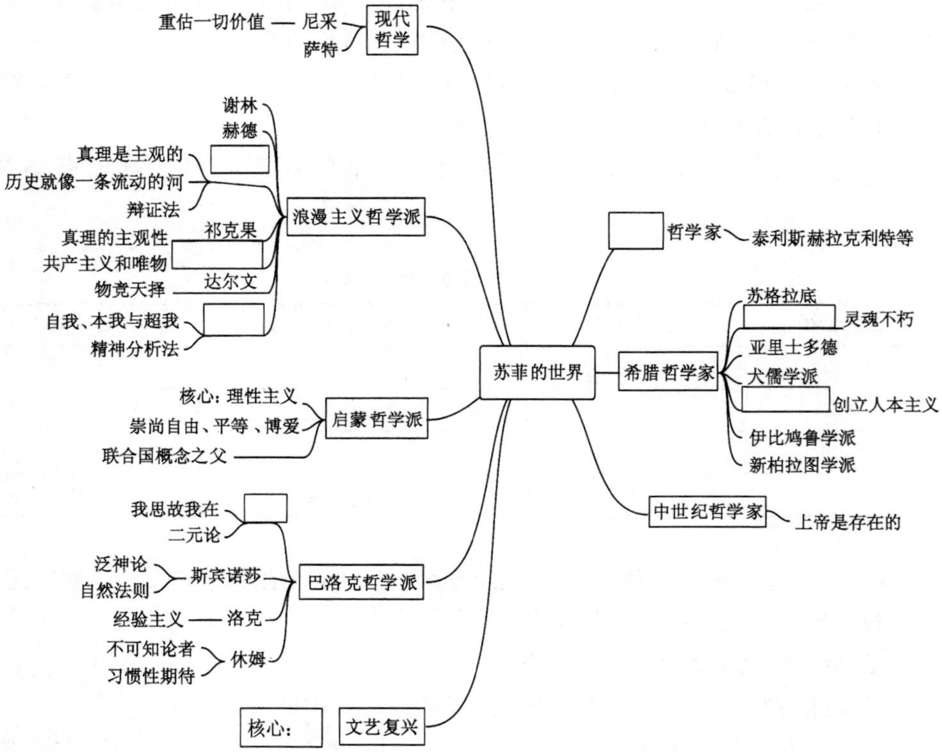

图 1 《苏菲的世界》哲学发展思维导图

(2) 德国哲学家诺瓦利斯说：“哲学原就是怀着一种乡愁的冲动到处去寻找家园。”在读完这本小说之后，你被哪个哲学流派或者哲学家的理论深深吸引，并愿意做一点专题研究呢？请你在书中选择最感兴趣的哲学家或哲学流派，阅读一点他们的作品，完成下面的专题汇报。

“哲学主题阅读”积累卡

书名：	作者：
主要内容介绍：	生平经历：
精彩语录	
读书感悟	

(3) 哲学并不是什么脱离生活的高大上的学问，哲学充满了对人生的现实关照，它希望的是每个人都能找到真正的幸福。2020 年伊始，我们就被新型冠状肺炎疫情所包围。高传染率造成工厂停工、学生停课，不能出门使得很多人对病毒充满恐惧。小言是一名不幸感染新冠肺炎的 15 岁少年，正在隔离治疗，心情非常低落。请你给小言写一封信，运用你对哲学和人生的领悟，开导一下小言。

《给青年的十二封信》阅读任务单

(1) 这本书是朱光潜先生于 20 世纪 20 年代留学英国期间,专门写给中学生的。这本书以书信的形式,每次就一个话题进行探讨。

请在下列话题中选择一个你感兴趣的词语,在这本书中摘选关键句,归纳朱光潜先生的生活或治学思想。(表 1)

话题:读书与救国、动与静、习俗与革新、爱情与道德、升学与专业、作文与做人、情与理。

表 1 《给青年的十二封信》阅读任务单

话题	关键句	章节	朱光潜先生的思想

(2) 这本书涉及文学、美学、哲学、道德、政治等多个领域,由于所谈问题十分贴近当时国内的学生和青年在面对人生道路时的种种迷茫、彷徨、苦闷的心情,因而此书一版再版,成为畅销书。如今的我们,在面对人生道路时所有的心境已经发生了或多或少的变化,请你就之前所选择的话题,给朱光潜先生写一封信,谈一谈你作为当代中学生的困惑或看法。

《平凡的世界》阅读任务单

《平凡的世界》在第三届茅盾文学奖的获奖作品中名列榜首，被评论界公认为是“一部具有内在魅力的现实主义力作”。作品的时间跨度从 1975 年初到 1985 年初，力求全景式反映中国近十年间城乡社会生活的巨大历史性变迁。作者采用全知全能的视角，以双水村为圆心，辐射出三条线路，对那个时代的生存景观做到了全方位的统摄与扫描。

(1) 请你选择感兴趣的一条线索，以小标题的形式梳理作品结构思路，完善表 1。

表 1　《平凡的世界》阅读任务单

线索	具体情节	反映内容
孙、田、金三大家族的恩恩怨怨	少平高考落榜，晓霞倾心鼓励	双水村的农民群众在时代浪潮的冲击下生存境遇、价值观念的巨大变化
孙少平的人生历程	吃黑馍少平藏自卑，借小说红梅生暧昧	一代农村青年的奋斗历程和人生选择

续表

线索	具体情节	反映内容
以田福军为中心的省、乡、区级干部的政治沉浮	偷挖河坝炸山修田，福堂喜功天怒人怨	改革浪潮冲击下执政者党性修养、执政理念、工作方法受到的冲击和变化

（2）在《平凡的世界》中，作家塑造的一群面对命运决不屈服的抗争者形象，有着征服苦难的勇气和力量。相信你也被这种勇气和力量打动过，请你仿照示例，把打动你的那些句子和段落摘抄下来，制作读书卡片。

永恒的苦难与英雄的男儿
1. 孙少安立在大桥边，两只手紧紧抠着桥栏杆，十个指头似乎都要钳进水泥柱中。他感到胸腔里火烧火燎，口也有点干渴。他的心中腾跃起一股难以抑制的激情，似乎那奔涌不息的河水已经流进了他的血管。 2. 这时候，他也体验打扫类似孙少平的那种感觉：只有繁重的体力劳动，才使精神上的痛苦变为某种麻木，以至使思维局限在机械性活动中。他真没勇气去面对自己残破不堪的现实啊！砖厂死气沉沉。日子死气沉沉。 3. 一种使命感强烈地震撼了这个年轻庄稼人的心，使他浑身不由混过了一道激奋的战栗！ 孙少安立刻想起了不久前在大亚湾煤矿和弟弟的那次谈话。少平说的有道理！他既然慷慨地准备把一大笔钱扔到“三国”去，为什么不拿这钱给村里人办点事？电视台有的是来钱处！国家、省上、县上、乡上，那也自有人治理呢！而农村，就得靠生活在其间的人来治理。双水村是他生存的世界，他一生的苦难、幸福、屈辱、荣耀，都在这个地方；无论从哪方面说，他都应该为亲爱的双水村做点事。他有能力这样做——他的能力实际上也许只够在这个天地里施展！
孙少安是一个善良朴实，善思考，敢奋斗，有进取精神和责任意识的农村青年，无论他的“搞分担包产”，还是后来的办砖厂，无一不是为了摆脱贫困，脱离苦难，过上安适的生活。他因为贫穷拒绝了润叶的求爱，也因为贫穷，而为和父亲分家而痛苦，他最终选择为村里盖学校的方式回馈村民，这体现了一代农村创业者身上少有的责任感和担当精神。作者对孙少安坚强地承受各种各样的痛苦和磨难的品格和令人荡气回肠的道德情操，倾注了深情的赞美。

（3）亲爱的同学们，你们青春的航船刚刚启航。读罢此书，你对苦难有怎样的认识呢？在未来的人生旅途中，你又准备如何面对苦难呢？请写一篇以“面对苦难”为主题的演讲稿，准备参加班级演讲比赛吧。

《名人传》阅读任务单

20世纪初期，自普法战争失败后，法国国内就笼罩着一种以庸俗为乐、与丑陋为伍的气氛，而整个世界也是物质凌驾于一切之上，欺凌弱小和暴力成为国际秩序的时代。罗曼·罗兰深感此时需要一种高贵的精神来拯救人类，于是他决定写英雄传记。最后他选择了音乐家贝多芬、雕塑家米开朗琪罗、作家托尔斯泰，写成了"三巨人传"，合称《名人传》。

(1) 读完这本书，请你仿照示例(表1)，梳理三位巨人的生命轨迹。

表1　三位巨人的生命轨迹

人物	时间及小标题	主要经历
贝多芬	1770—1789 艰苦的初始	路德维希·凡·贝多芬，生于波恩的一个贫困家庭。父亲是个不聪明又酗酒的男高音歌手，整天用暴力迫使贝多芬学习音乐。母亲是女仆，在贝多芬17岁那年感染肺病而亡。贝多芬11岁就加入了戏院乐队，开始负担全家的生活
米开朗琪罗	1475—1490 天赋卓绝的少年	米开朗琪罗出生于卡森蒂诺的卡普雷赛，父亲是法官，母亲在他6岁时便去世了。米开朗琪罗被寄养在一个石匠的妻子家里。13岁时进入多梅尼科·吉兰达约的画室，据说他天赋极高，连他的老师都为之嫉妒。一年后，米开朗琪罗转入一所雕塑学校。不久，由于宗教信仰的冲突，他离开了那里，先后到威尼斯、罗马等地，雕塑水平不断提高

续表

人物	时间及小标题	主要经历
托尔斯泰	1828—1850	托尔斯泰 2 岁丧母，9 岁丧父。青少年时代的托尔斯泰，学业平庸，不仅为思想而苦恼，还为自己丑陋的相貌感到绝望

（2）整部《名人传》都围绕着“英雄”一词着笔，你一定能在“三巨人传”的序言和正文中找到罗曼·罗兰对于“英雄”的精神内核的阐释，请你摘抄重点句子，

然后谈一谈你对这三位“英雄”的看法。(表 2)

表 2　三位巨人的“英雄”精神片段摘抄

具体章节	经典句子	你的想法
《贝多芬传》		
《米开朗琪罗传》		
《托尔斯泰传》		

(3)《名人传》可以说是传记体裁文学作品中登峰造极之作。作者并没有过多地表现三位传主各自成就的非凡事业,而是将他们坎坷、曲折的心路历程呈现在笔下。他们都经历了常人所不能忍受的痛苦,然而也创造了常人所不能创造的艺术成就,正如作者罗曼·罗兰所言:“英雄的伟大并不在于他的体魄,而在于他的心灵与品格。”读完这部作品,想一想在你的生活中有没有这样的英雄存在,请举出一例,为他写一则颁奖词。

方法指导

颁奖词的写作一般要注意三点。① 大处着眼,点明人物的事迹。抓住人物最主要的令人钦敬的事迹,简要概述,不要求详尽地交代来龙去脉或是细枝末节。② 纵深开掘,彰显人物的精神。通过人物的事迹的叙述,引出对人物精神的评价,体现出人物的人格魅力。③ 表达生动,言简意赅。颁奖词一般很简短,这就要求语言高度凝练。语言往往融叙事、抒情、议论于一体,自然流畅,富有音乐美。

《泰戈尔诗选》阅读任务单

(1)《泰戈尔诗选》所选的几本诗集,分别通过不同的内容表现了不同的主题。通读《泰戈尔诗选》,完成表1。

表1 《泰戈尔诗选》阅读任务单

诗集	主题	主要内容
《新月集》		
《园丁集》		
《飞鸟集》		
《采果集》		

(2)《泰戈尔诗选》中的诗句常常成为人们的名言警句,例如"离你最近的地方,路途最远,最简单的音调,需要最艰苦的练习","当我们是大为谦卑的时候,便是我们最接近伟大的时候"……请联系生活,在全书中选择感触最深的一句诗,谈谈你的理解。

(3) 泰戈尔《飞鸟集》中的诗歌曾经深深影响了中国诗人的创作,例如冰心也曾受其影响创作《繁星》《春水》。请你也尝试创作一首小诗。

温馨提示

小诗,是一种变异的形式,也是一种即兴式的短诗,多以三五行为一首,表现刹那间的情绪和感触,寄予人生的哲理和思想,并执着于意境的追求,引起读者的联想,具有言简意赅的效果。

《唐诗三百首》阅读任务单

明代高棅将唐诗分为四期，这种分期法沿用至今。《唐诗三百首》选诗七十七家，初唐不到十家，盛中晚三期各二十多家。

(1) 请在四期中各选择一位诗人，分析诗人的风格特点。(表 1)

表 1　代表诗人及其风格特点

唐诗四期	代表诗人	风格特点
初唐		
盛唐		
中唐		
晚唐		

(2)《唐诗三百首》的编者将三百一十一首选诗以诗体分类，再按作者年代为序进行编排。通读全书，思考还有没有其他的编排方法，尝试重新编排《唐诗三百首》并简述理由。

(3)《唐诗三百首》中涉及七十七位唐代诗人，共计三百一十一首诗，选择你喜欢的诗歌简要点评赏析。

《世说新语》阅读任务单

明代胡应麟在《少室山房笔丛》中曾这样评价《世说新语》:“晋人面目气韵,恍然生动”。《世说新语》刻画了许多富有个性色彩的人物形象,例如“入门不顾”的元方,性急吃鸡子的王蓝田,淡泊名利的管宁……

(1) 请你在《世说新语》中选择一个人物作简要赏析。

(2)《世说新语》按内容分有德行、言语、政事、文学等三十六篇,有很多篇目描写了“魏晋风度”“名士风流”,例如《任诞篇》《雅量篇》《栖逸篇》《排调篇》等。阅读后简要说说你对“魏晋风度”“名士风流”的理解。

(3)《世说新语》语言简约隽永,不少故事已被后人概括为成语,有些语句也被摘取节缩为成语,请阅读各篇写出这些成语的典故。如果你还发现了其他的成语及典故,不妨也整理并记录下来。(表 1)

表 1 《世说新语》阅读任务单

成语	篇目	典故
望梅止渴	《世说新语·假谲》	
七步成诗	《世说新语·文学》	
才疏志大	《世说新语·识鉴》	
割席分坐	《世说新语·德行》	
新亭对泣	《世说新语·言语》	
华亭鹤唳	《世说新语·尤悔》	

《聊斋志异》阅读任务单

《聊斋志异》全书近五百篇，内容丰富多彩，构思奇幻委曲，记事诙谐曼妙。

(1) 全书内容大致分为四个类型，阅读全书后写出对应的几个故事篇目。(表1)

表1 《聊斋志异》阅读任务单

主题	篇目
赞美坚贞爱情	
抨击科举制度	
批判统治阶级	
阐述伦理道德	

(2) 对比阅读《聊斋志异》和吴敬梓的《儒林外史》，结合具体内容，分析两者在抨击科举制度这一主题上的异同。

(提示：可从批判对象、批判深度、写作手法等方面进行比较)

(3) 全书中以爱情为主题的作品数量最多，它们表现了强烈的反封建礼教的精神。请你选择一个故事，将其改编成剧本。

《围城》阅读任务单

(1) 用两周左右的时间，通读《围城》这本小说。在你感兴趣的地方(精彩的比喻句、细腻的人物描写、精辟的议论等)做一些圈点勾画和批注。梳理故事情节，思考问题，并完成表1。

问题1:联系《围城》的写作背景，结合具体情节，评价主人公方鸿渐。

问题2:《围城》中有一句很著名的话，后来成为人们认为体现生活哲理的语言。请找出这句话，并联系方鸿渐、赵辛楣、苏文纨、孙柔嘉等主要人物的人生际遇和选择，尝试解读一下。

表1 《围城》阅读任务单

经历	重点事件概括	精彩人物(除方鸿渐)及性格分析
欧洲留学及归国船上	1.	1.
	2.	2.
家乡逗留	1.	1.
	2.	2.
上海任职	1.	1.
	2.	2.
	3.	3.
赴内地旅途中	1.	1.
	2.	2.
	3.	3.
三闾大学任教	1.	1.
	2.	2.
	3.	3.
	4.	4.
再回上海任职	1.	1.
	2.	2.
	3.	3.
	4.	4.

(2)《围城》是一部优秀的讽刺小说。请结合文章具体情节,写一篇关于文章讽刺艺术的赏析小论文。

温馨提示

可从对比手法、细节描写、夸张、反语的运用等角度赏析。结合情节,分段表述,力求全面。感受作品中深刻的批判精神和强烈的爱憎情感。

《格列佛游记》阅读任务单

(1) 用一周左右的时间,速读《格列佛游记》,勾画出文中富有幽默感的语句。根据格列佛的经历梳理小说情节,思考问题,并完成表1。

问题1:查找关于小说背景及作者斯威夫特的介绍,结合情节了解主人公格列佛,思考作者的理想人物风貌及社会形态。

问题2:有人说《格列佛游记》是一本奇书,融童话和辛辣的讽刺为一体。谈谈你对这句话的理解。

表1 《格列佛游记》阅读任务单

所到国家	怎样到达	如何离开	主要情节及对应寓意	阅读感受

(2) 发挥你的联想和想象写一写,如果格列佛继续游历,他还会到达怎样的国度,又会有怎样有趣的经历呢?在你的续写中力求让读者看到今天社会中人和事的影子。(600字左右)

方法指导

联想是由一事物想到与之相关的另一事物,而想象则是在头脑中创造出未曾有过的新的形象。写作时善于运用联想和想象,可以思接千载、视通万里,有助于打开思路,激发灵感,写出内容丰富、形象生动的文章。

注意:① 联想要自然贴切,想象要合情合理;② 联想和想象要新颖,更要有意义。

《契诃夫短篇小说选》阅读任务单

(1) 用一到两周的时间，跳读《契诃夫短篇小说选》，了解作品的创作背景，选择其中你喜欢的小说作重点阅读，并对精彩描写作一些圈点勾画。思考问题，并完成表1。

问题1:契诃夫善于将辛辣的讽刺和善意的同情相结合，结合书中的具体作品，谈谈你对这句话的理解。

问题2:契诃夫和莫泊桑同为世界短篇小说巨匠，请选择《契诃夫短篇小说选》中的一篇文章(《变色龙》除外)，与《我的叔叔于勒》作比较，谈谈他们作品的异同。

表1 《契诃夫短篇小说选》阅读任务单

塑造形象	典型人物例举	性格概括
小人物		
贵族官吏		
下层官吏		
知识分子		

(2) 选择《契诃夫短篇小说选》中的一篇小说改编成剧本，和你的同学演一演，也请大家评一评。

温馨提示

在改编剧本时注意:① 梳理主要情节，把握戏剧冲突;② 结合人物性格，写好人物对话;③ 了解故事背景，写好舞台说明;④ 忠于原著，亦可结合现实，作一些有意义的改动。

《我是猫》阅读任务单

(1) 用三周的时间速读《我是猫》这部长篇小说。在精彩之处作圈点勾画和批注;梳理情节,思考问题,完成表1。

问题1:小说以"猫"的视角展开,"猫眼看世界",请说说这种叙述方式的特色。

问题2:你认为"我"是一只怎样的猫?结合具体情节谈一谈。(备选:身世可怜、尖酸刻薄、聪明绝顶、富有正义感、有文人气质)

表1 《我是猫》阅读任务单

塑造形象	代表人物	性格概括	阅读感受
多余的人			
最坏的人类			
市侩			
正直的人			

(2) 1984年,《我是猫》的作者夏目漱石的头像被印在一千日元的纸币上,直到2004年11月1日发行新的日元,才被他人替代。如果现在是2004年,请你作为夏目漱石的忠实读者,给日本货币发行行的行长写一封信,让决策者继续在纸币上使用夏目漱石的头像,你该如何表达?注意结合《我是猫》这部作品的时代意义。

温馨提示

注意书信格式,条理清晰,感情真挚。

附　　录

“初中生整书册阅读中教师支持性行为研究”实验方案

南师附中新城初中怡康街分校 伏荣超;南师附中新城初中 王林

一、核心概念及其界定

核心概念一:整书册。

联合国教科文组织对图书的定义是:凡由出版社(商)出版的不包括封面和封底在内49页以上的印刷品,具有特定的书名和著者名,编有国际标准书号,有定价并取得版权保护的出版物称为图书。它包括图片、画册、书籍和刊物。本课题研究的整书册是指图书的书籍部分,即符合图书出版要求的、以文字为主体的记录知识或传播思想的装订成册的书(单本或套本),而对于多个作品合集而成的书,本课题要求书中每个作品的内容都是完整连续的,不存在节选的情况。

核心概念二:整书册阅读。

整书册阅读是学生在装订成册的书籍里主动搜集、处理信息,获取意义的过程,是一种理解、领悟、吸收、鉴赏、评价和探究文章的思维过程。在这个过程中,学生积极主动地使用不同的阅读方法和技能,从而逐渐养成良好的阅读习惯,形成一定的阅读能力。因此,本课题中的“整书册阅读”有别于传统的“篇章阅读”“课本阅读”,既包括经典著作的阅读,也包括非经典著作的阅读,既包括文学名著的阅读,也包括非文学名著的阅读。

核心概念三:教师支持性行为。

教师支持性行为即教师引起、维持以及促进学生学习的所有行为,具体表现为帮助学生营造和维持学习过程中积极的心理氛围,寻找和利用学习资源,设计恰当的学习活动,反思自我所学的个人意义并促进学习评价的内在化。本课题中的支持性行为是指教师针对整书册的特点(文体、语言、结构等)和学生特点(年级、阅读兴趣、阅读能力等),在阅读前提供建议书目、阅读方法,引发阅读兴趣;阅读中设计阅读、交流活动,提升阅读兴趣和阅读能力;阅读后开展汇报总结、反思与评价的指导。这是有别于常态的、课内的阅读教学,涵盖校内、家庭与社区,指向整书册阅读的教师“给力”行为。

综上所述,“初中生整书册阅读中的教师支持性行为研究”就是为了激发、维持初中生阅读兴趣,扩大学生阅读量,帮助学生提高整书册阅读力,从而提升学生人文素养的一项行动研究。“整本书阅读”，与“篇章阅读”相对，既包括经典著作的阅读，也包括非经典的阅读，既包括文学名著的阅读，也包括非文学的学术著作阅读。不仅强调“读什么”的价值，也凸显“怎么读”对于语文教学的重要意义。

二、国内外研究现状与研究价值

1. 研究现状

(1) 国外研究现状。

一直以来，国外都很注重对本国文学经典的阅读，他们从小学阶段就开始引导学生阅读原著，旨在从小培养学生的阅读能力与人文素养。例如，美国在母语课程标准中，有明确的学生“必读”的“文学著作”的相关规定。英国在《英国国家课程·英语》中，对英国作家作品的阅读要求非常明确，规定戏剧、小说、诗歌的阅读数量。在帕夫雷什中学，苏霍姆林斯基列举出一张多达 119 本的书目清单供学生阅读，一边给学生提阅读要求，一边又给学生提供必要的阅读指导，从而将“整书册阅读”的活动落实到了实处。

美国作家莫提默的《如何阅读一本书》旨在指导中学生如何阅读，书中指出阅读有四个层次：基础阅读、检视阅读、分析阅读和主题阅读。作者对每一层次的阅读给予具体的指导建议，随着阅读能力的提升，阅读的层次也随之加深。针对不同的读物，作者提出了不同的阅读建议，例如：如何阅读想象文学，如何阅读历史书，如何阅读哲学书，如何阅读故事、戏剧与诗的一些建议等。书后附录还给出了建议阅读的书目和四种层次阅读的练习和测试。

(2) 国内研究现状。

中国是一个阅读大国，“整书册阅读”的思想古来有之。自孔子以来推行的典籍教育就明显带有读整书册的影子，其中最为突出便是“四书”“五经”的教学。直至近代语文独立设科，典籍教育已经积累了不少的整书册的阅读方法，如“朱子读书法”“读书十六观”等。但古人对整书册的阅读教学大多停留于阅读方法的指导方面，并没有上升到理论的高度，理论体系的建构也有待完善与补充。

现代，叶圣陶在《论中学国文课程的改订》一文中指出：“现在的国文教材似乎该用整本的书，而不该是用单篇短章……退一步来说，也该把整本的书作为主体，把单篇短章作为辅佐”。叶圣陶不仅建构“读整本的书”的思想，还把它适用到教学实践中。叶圣陶还和朱自清合著了《精读指导举隅》《略读指导举隅》，以举例的方式对阅读的指导做出了详细的说明。叶圣陶“读整本的书”的思想虽然已经形成相对完整的体系。但是，他所谈及的“课程构想”“教材建设”“教学实践”等三个方面的内容并没有明确。由此可见，叶圣陶“读整本的书”思想仍停留在“想”的观念层面，要落实到具体教学实践，仍需要进一步完善与探讨。除叶圣陶之外，现代研究“整书册阅读”的人还有顾黄初、夏丏尊和朱自清等，他们或从阅读书目或从阅读指导等方面阐述各自的观点，但都没有形成科学系统的整书册阅读课程观、方法观，缺乏必要的、系统的研究和实践。

当代，随着读整书册进入语文课程标准，相关学者和教育工作者对“读整书册”的研究越来越多。例如，吴欣歆教授从2007年开始从事整本书阅读理论与实践研究，出版了《书册阅读教学现场》一书，刘思思的《读整体的书、长篇小说节选与中学语文阅读教学研究——以沪教版中学语文教材为例》、高子阳的《教师引领“多读整本书”》、吕华明的《导读推进　主体探讨——以〈草房子〉为例，谈高年级整书册的阅读指导》、李怀源的《叶圣陶“读整本书”思想研究》以及李倩倩的《关于“读整本书”的意义及策略探究》等。这些文章有的将研究重点放在具体某一本书目的阅读指导上，有的放在著名教育家相关思想的理论研究上，多是出于教学经验的总结，没有形成“整书册阅读”课程，缺乏一定的系统性和连续性。

此外，引导学生“整书册阅读”的实践也越来越多，例如以扬州为实验基地的“亲近母语”课题实验，总结了“班级读书会”“经典诵读”“亲子共读”“读写互动”“书香班级”“书香校园”等实践经验；被称为“儿童阅读推广人”的蒋军晶，积极实践学生整书册的阅读教学，并总结了一套反复阅读、巧妙提问的教学方法等；其他像周益民、周其星、岳乃红等也致力于引导学生阅读整书册。这些实践都总结了不少引导学生阅读整书册的经验。然而，他们实践的对象都是小学生，对中学阶段“整书册阅读”的研究数量比较少。

国外课标中关于“文学经典”的“必读”要求，充分表明了整书册阅读对提升学生人文素养的重大意义，国内外专家、学者们总结的指导阅读的理论及实践经验，将为我们开展初中生整书册阅读指导提供一些理论依据和实践借鉴。因教学课时的限制、教学内容的固化等原因，广大语文教师不够重视对整书册的阅读指导和研究。加之应试的压力，学生的整书册阅读兴趣也不高。因此，积极地开展整书册阅读指导活动，形成有效的整书册阅读指导课程已经迫在眉睫。

2. 研究价值

(1) 理论价值。

初中生整书册阅读指导是语文系统化教学设计中的一种。近年来，关于初中语文阅读指导方面的研究成果层出不穷，本课题立足于真实的初中阅读教学情景，通过系统化的教学设计，探索初中整书册阅读教学的目标、教学策略等，丰富当前初中语文整书册阅读教学理论研究，促进初中语文教育中阅读教学的系统化。

(2) 实践价值。

本课题通过对不同学段的初中生进行不同读物的整书册阅读指导，在实践中摸索整书册阅读的指导策略，激发初中生的整书册阅读兴趣，提高初中生整书册阅读的能力，培养初中生终身阅读的好习惯。帮助一线老师提升整书册阅读指导的能力，形成多角度、多层面的整书册阅读教学观。通过对初中生整书册阅读教学的深入研究，形成“整书册阅读指导”课程，为课程改革背景下的初中生整书册阅读指导提供可借鉴的实践经验。

三、研究的目标、内容(或子课题设计)与重点

1. 研究目标

(1) 根据不同的阅读目的(“为掌握资讯而读”“为理解而读”“为审美鉴赏而读”“为应用而读”)，指导学生学会使用(精读、略读、浏览、互文解读、拓展、梳纲要等)阅读方法，探索不同读物(如纪实作品、科普作品、小说、诗歌等)的整书册阅读指导策略，使学生会阅读、能阅读，提升学生的核心素养，为学生一生的学习和发展奠基。

(2) 打通“课堂内外”“学校内外”的阅读空间，构建“学校提供阅读指导”“家庭提供阅读陪伴”“社区提供阅读资源”的立体互动模式，形成合力，帮助学生形成持续的阅读行为、稳定的阅读状态，能根据教师的推荐和自己的需要理性选择阅读内容，在此过程中体味到阅读带来的愉悦感和成就感。

(3) 探索“推荐阅读型”“阅读指导型”“阶段交流型”“汇报总结型”等整书册阅读课型。在实践的基础上，积累各种类型整书册阅读的指导课例，编制整书册阅读指导课程，给一线教师提供切实可行的整书册阅读指导范例。

2. 研究内容

(1) 初中生整书册阅读与教师支持性行为现状调查研究。

(2) 初中生整书册阅读中教师支持性行为研究可以分解为以下子内容：

① 初中生整书册阅读的必读与选读书目编制；

② 初中生整书册阅读不同阶段的教师支持性行为；

③ 初中生整书册阅读不同场域的教师支持性行为。

(3) 初中生整书册阅读指导教程研究。

3. 研究重点

探索初中生整书册阅读的教师支持性行为，编写初中生整书册阅读指导教程。

四、研究的思路、过程与方法

1. 研究思路

从文献研究、调查研究入手，整体思考研究内容，分工落实研究任务，逐步达成研究目标，边研究边总结边修正，及时总结实验阶段成果，发挥实验成果的辐射作用。

2. 研究过程

(1) 课题前期准备阶段(2017.10—2018.02)。

① 通过调查研究,分析初中生整书册阅读与教师指导现状;

② 通过文献研究,学习相关理论,制定课题研究方案;

③ 落实课题人员,布置各人员的分工;

④ 组织课题组成员深入学习相关资料,深刻领会方案的内涵。

(2) 课题中期实施阶段(2018.03—2019.002)。

① 根据新课标精神和新社会对学生核心素养的要求,梳理出适合初中生的必读与选读书目;

② 根据不同阅读目的、阅读对象,探索整书册阅读的阅读策略。

(3) 课题实施总结阶段(2019.03—2019.04)

① 总结各项资料,对研究中的问题进行探讨,写成研究报告;

② 对各种形式的阅读指导课进行案例分析,整理成册;

③ 整理教师关于整书册阅读的心得、体会,汇集成册;

④ 将学生整书册阅读的收获进行汇总,装订成册;

⑤ 编制"初中生整书册阅读指导教程"。

(4) 课题结题阶段(2019.05—2019.06)。

组织课题结题鉴定会,接受上级检查、评估、验收,展示课题研究成果。

3. 研究方法

(1) 调查法:在实验前期采用问卷、观察等方法进行调查,为研究提供依据。

(2) 文献研究法:通过查阅相关文献,寻找理论支撑和可值得借鉴的策略与方法。

(3) 行动研究法:跟踪学生阅读的情况并归纳总结,在研究过程中发现问题、解决问题。定期组织课题组成员观摩阅读交流课,开展深入的研讨、交流活动,将实验一步步推向深入。

(4) 实验研究法:通过实践摸索出不同年级、不同读物的整书册阅读指导策略。

(5) 案例研究法:通过对实践案例的研究分析,归纳总结同类书、同文体书的阅读交流有效指导策略的共性。

五、主要观点与可能的创新之处

1. 主要观点

(1) 整书册阅读拓宽了传统的"篇章阅读"的教学内容,让学生从相对狭隘的教材阅读空间迈入更广阔的语文天地,有利于提升学生的人文素养。

(2) 教师是整书册阅读教学的组织者和指导者,给力的教师支持行为可以提升学生阅读的深度和广度。通过阅读指导,可以更好地激发学生的阅读兴趣,学会阅读方法;通过阶段交流,进行思维的碰撞,提高学生阅读理解感悟能力;通过汇报总结,可以展示学生的阅读成果,形成良好的学生阅读习惯。

(3) 整书册阅读教学可以更好地将语文教学和师生的生命体验联系到一起,教师和学生分享阅读的感受,通过写作来提升对生活的感悟,培养语言的感知和运用能力,真正地做到"教学相长"。

2. 可能创新之处

阅读是一项技术,更是一门艺术。在母语学习上,整书册阅读是更有效的学习载体,但在教学上我们却仅仅关注单篇教学,忽略了有效地指导学生进行整书册的阅读。本课题旨在通过实践,探究开放真实的阅读指导课型,构建整书册阅读的指导课程,力求改变学生毕业了就不读书的尴尬现状,让学生亲近母语,阅读经典,丰富人生,使良好的阅读习惯成为学生生命的一部分,伴其一生。

六、预期研究成果

(1) 初中生整书册阅读与指导调查报告。

(2) 初中生整书册阅读书目汇编。

(3) 初中生整书册阅读课型设计。

(4) 初中生整书册阅读的教师支持性行为结题报告。

江苏省教育科学"十三五"规划重点课题(E-b/2018/10)

初中生整书册阅读与教师支持的调查报告

南师附中新城初中怡康街分校 伏荣超;南师附中新城初中 王林

一、调查目的

“新课程标准”对初中生的阅读作了相应要求,“学会制订自己的阅读计划,广泛阅读各种类型的读物,课外阅读总量不少于260万字,每学年阅读两三部名著”。学生应具有独立的阅读能力,会运用多种阅读方法,初步理解鉴赏文学作品,注重情感体验,有较丰富的积累,形成良好的语感,促进语文素养的整体提高。

初中生正处于身心发展的青少年时期,热情活泼,求知欲强。在学习过程中,他们已不满足于课堂内的书本阅读,而是渴望从更广泛的渠道去开阔视野、扩大知识面。统编版教材非常重视阅读能力与阅读兴趣的培养,建设了“三位一体”的阅读教学体系。整书册阅读是课内阅读的进一步延伸和补充,对课内阅读起到强化和促进作用。但是,当前中学生的整书册阅读情况不容乐观,存在许多不足或误区,需要引起足够的重视。

二、研究的对象与方法

1. 调查时间

2018年10月—11月。

2. 调查对象

本调查采取抽样的方法,选取了南京市五所初中:南师附中新城初中、南师附中新城初中怡康街分校、致远初中、南湖二中、建邺初中。调查对象为五所学校的初一至初三学生,发放问卷580份,回收有效问卷560份。其中南湖二中和建邺初中为新优质初中,共发放问卷220份,收回有效问卷215份。

3. 调查内容及方法

为了解我区初中生的整书册阅读情况及存在的问题,本调查从以下几个方面对三个年级的学生进行了调查:

① 学生的阅读动机和兴趣;

② 学生的阅读时间;

③ 学生的阅读氛围;

④ 学生的阅读途径及喜好;

⑤ 学生的阅读方式与方法；

⑥ 学生阅读的教师支持行为；

⑦ 学生对于阅读希望得到哪些帮助。

本调查采用问卷调查法、数学统计法相结合的方法进行数据统计分析，并形成调查报告。

三、调查结果及具体分析

(1) 阅读兴趣和动机(表1，表2)。

表1　阅读兴趣

你喜欢阅读吗？	A. 很喜欢(12%)	B. 较喜欢(23%)	C. 喜欢(38%)	D. 一般(15%)	E. 不喜欢(10%)	F. 很不喜欢(2%)

表2　阅读动机

你觉得广泛阅读对提高语文成绩有帮助吗？	A. 很有帮助(46%)	B. 较有帮助(33%)	C. 有帮助，但见效慢(16%)	D. 帮助不大(4%)	E. 没有帮助(1%)
你坚持课外阅读的原因是：	A. 确实喜欢(21%)	B. 老师的要求(30%)	C. 家长的督促(11%)	D. 同学的带动(6%)	E. 考试要求(32%)

从阅读兴趣来看，73%的学生喜欢阅读，只有12%的学生兴趣不高，说明大部分学生的阅读兴趣较为浓厚，主观上是愿意读书的。

从阅读动机来看，79%的学生认为阅读对提高语文成绩有帮助，16%的学生认为有帮助，但见效慢，只有5%的学生认为帮助不大或没有帮助。学生意识到阅读能够增长知识、培养语感、提高写作能力。超过60%的学生坚持课外阅读是因为考试要求和老师要求，说明应试导向下的功利性阅读现象很明显。自发的主动阅读只有21%，同学间的相互带动阅读只有6%，还有11%的学生需要在家长的督促下进行阅读，看来整体的阅读氛围不浓。

(2) 阅读的时间及不爱读经典的原因(表3)。

表3　阅读的时间及不爱读经典的原因

你平均每天用于课外阅读的时间为：	A. 0.5小时以内(58%)	B. 0.5～1小时(37%)	C. 1～2小时(4%)	D. 2小时以上(1%)	
你认为中学生不爱读经典作品的原因是(可多选)：	A. 学习负担重，没有时间读(52%)	B. 不知道用什么方法才能读出味(32%)	C. 觉得和自己的生活太遥远，读不懂(5%)	D. 太长，很难坚持读完(11%)	E. 其他(0)

从阅读时间看，58%的学生每天的阅读时间在半小时内，37%的学生在半小

时到一小时间，整体的阅读时间偏短。结合学生不爱读经典作品的原因就不难发现，52%的学生认为学习负担重，没有时间读。还有32%的学生欠缺读书方法，11%的学生认为内容太长，很难坚持读完，缺乏读书的毅力。

(3) 阅读氛围(表4)。

表4　阅读氛围

你的家庭阅读氛围如何？	A. 很好(1%)	B. 较好(2%)	C. 好(4%)	D. 一般(8%)	E. 不好(37%)	F. 很不好(48%)
你的家人会和你一起读书吗？	A. 从不(91%)	B. 偶尔是(5%)	C. 经常是(3%)	D. 总是(1%)		

从统计来看，85%的学生认为家庭阅读的氛围不好或很不好，家人和学生一起参与阅读的不到10%，这也从另外一个角度解释了学生不爱阅读和阅读时间短的原因。

(4) 阅读途径及喜好(表5)。

表5　阅读途径及喜好

你主要通过什么途径获得阅读书籍：	A. 书店或网络购买(16%)	B. 图书馆借阅(52%)	C. 班级图书角借阅(23%)	D. 同学间相互借阅(9%)				
你喜欢的书籍是：	A. 哲思类(1%)	B. 军事类(4%)	C. 文学作品(33%)	D. 体育类(11%)	E. 纪实作品(1%)	F. 艺术类(1%)	G. 科普(幻)类(22%)	H. 其他(27%)
在文学类作品中你最喜欢读的是：	A. 小说(63%)	B. 散文(23%)	C. 诗词(14%)	D. 戏剧(0)				
小说类文学作品中你最喜欢读的是：	A. 历史小说(29%)	B. 武侠小说(13%)	C. 玄幻、盗墓小说(41%)	D. 纪实小说(2%)	E. 言情小说(3%)	F. 军事小说(4%)	G. 其他(8%)	

从阅读途径看，75%的学生主要通过图书馆和班级图书角借阅。书店或网络购买书籍的占16%，同学间相互借阅的只占9%，可见学生家里可供阅读的书籍不多，阅读的途径较为单一。

从阅读种类看,喜欢文学作品和科普(科幻)类的人数多,超过50%。其次是其他种类的阅读,占比27%,通过了解,其他类的书籍可能涉及动漫、杂志等种类。涉及哲思类、艺术类作品的只有1%左右。可见学生偏向于叙事类作品和娱乐性作品的阅读,阅读的种类较为单一。

(5) 阅读的方式方法(表6)。

表6 阅读的方式方法

你比较喜欢的阅读方法是:	A. 精读(13%)	B. 略读(17%)	C. 浏览(35%)	D. 互文解读(1%)	E. 梳纲要(1%)	F. 根据阅读内容而定(33%)
读叙事类文学作品你会做的工作是:	A. 梳理故事的基本梗概及情节(23%)	B. 探究人物性格与命运(23%)	C. 思考作品的主题内涵和价值(20%)	D. 与同类作品进行比较(3%)	E. 以上都不会去做(31%)	
你阅读一本书时会读几遍:	A. 一遍,特别讨厌读过的作品(6%)	B. 大部分一遍,遇到特别喜欢的才读第二遍(55%)	C. 根据喜欢程度,越喜欢的读的遍数越多(39%)			
你通常采用的阅读方法是:	A. 从头读到尾(42%)	B. 只捡自己喜欢的部分读(45%)	C. 几本书同时读(12%)	D. 不同的书籍用不同的方法读(1%)		
你在阅读时如何处理阅读中的疑问:	A. 顺其自然,读完就能自己解决(32%)	B. 读完解决不了的会置之不理(29%)	C. 读完会和同学或老师讨论(9%)	D. 会找一些作品的评论来看,解决疑难(12%)	E. 运用网络资源解决(18%)	
你在阅读时会有意识地将一类作品放在一起比较吗?	A. 从来没有(62%)	B. 有时遇到特别喜欢的会(31%)	C. 经常去做(7%)			

从阅读方式方法来看,52%的学生是略读和浏览,精读细读的不多。超过50%的学生遇到喜欢的书才会读第二遍,说明大部分学生读书的遍数还是依据自己的喜好,对于一部分"难啃"的经典,持续的阅读动力不足。

阅读具体作品时,纯读的占比31%,部分学生会梳理情节,分析人物,思考主题,比读的只有3%。从头读到尾的占比42%,而只选自己喜欢的部分跳读的占比45%,阅读的完整性还不够。对于阅读过程中产生的疑问,完全置之不理的占比29%,32%的学生顺其自然,解决问题的意识和能力不够。

(6) 阅读的教师支持行为(表7)。

表7　阅读的教师支持行为

你觉得对你的阅读最有帮助的是	A. 分类阅读方法(21%)	B. 一对一的阅读交流(11%)	C. 做相应的阅读作业(5%)	D. 名家的阅读讲座(12%)	E. 阅读类的课程(43%)	F. 阅读类的竞赛(8%)
语文老师对你的阅读有指导吗?	A. 从来没有(23%)	B. 偶尔有,但效果不大(39%)	C. 经常会,但效果一般(25%)	D. 经常会,而且效果很好(13%)		
如果老师给予相关的阅读指导,你最需要的是	A. 读前指导(22%)	B. 过程指导(37%)	C. 成果展示(29%)	D. 其他(12%)		

学生认为对阅读有帮助的,43%的选择阅读类课程,21%选择阅读方法,12%的学生选择名家讲座,说明学生渴望得到阅读指导,尤其是过程性指导、读后成果展示和读前的指导。但现实情况是64%的语文老师偶尔有指导,效果不大或一般,另外还有23%的语文老师从未有过指导。

(7) 你对"整本书阅读"怎么看?你的班级、学校如何开展"整本书阅读"活动的?

大部分学生认为"整本书阅读"非常有意义,可以陶冶情操,提升语文的综合素养。但遗憾的是,班级和学校开展"整本书阅读"活动的不多、只有部分学校的部分班级开设了阅读课和经典导读课程,不定期地开展图书节的活动。

(8) 针对"整本书阅读",你希望老师、学校、家庭提供哪些帮助?

多数学生希望家校联合,家长多一些支持陪伴,老师减轻作业量,给予充足的阅读时间。在家里,学生希望家长营造良好的阅读氛围,亲子共读,让他们读自己喜欢的书。在学校,学生希望老师多开设阅读讲座,多举办如阅读比赛、读书汇报、成果展示等多种形式的读书活动。

四、问题分析

1. 阅读兴趣与学业压力之间的矛盾

从调查结果来看,学生的阅读兴趣还是较为浓厚的,只是受制于初中的学业压力,在完成各科作业后,留给他们的阅读时间有限。加上周末的各种补习,学生疲于奔命，留给他们静心阅读的时间少之又少。当然还有一部分学生是因为考试的要求才选择读书，做题式、死记硬背式的阅读现象还是较为普遍，应试导向下的功利化阅读可能会消磨学生的阅读兴趣。

2. 类型单一与全面发展之间的矛盾

初中生没有足够的自制力和判断力，对于书籍的选择全凭自己的兴趣。学生偏向于叙事类作品的阅读，尤其是流行小说和网络小说的阅读。虽然这些小说也有很多可取之处，但是中学生对小说的阅读只在于其吸引人的故事情节，而很少去注意其优美的描写、深刻的主题。杂志和报纸也是很多学生的选择，他们更偏向于时尚杂志和娱乐报纸，对于学习并没有多大帮助，甚至会造成干扰。阅读需要驳杂一些，应该广泛涉猎文本，好比饮食，只有均衡的营养摄入，人体才会健康成长。

3. 氛围清淡与动力缺失之间的矛盾

很多家长因为工作太忙或者文化缺乏，对孩子的课外阅读都是采取放任或者中立的态度。而老师虽然支持学生阅读，但很少加以引导，相关活动的开展缺失，班级阅读氛围的营造也不够。家长与老师的态度使得孩子们课外的阅读变成了可有可无，渐渐地学生就把课外阅读当成一种消遣，持续的动力不足。

4. 方法粗浅与深度阅读之间的矛盾

学生在阅读时应该笔不离手，随时记录，可是缺乏批注的指导，书上空空如也。阅读过程中没有词句的积累，教师缺少有效监控，所以写作时语言干瘪无味。遇到疑问，学生很少通过有效的方法解决，一般都是顺其自然。粗阅读、浅阅读的现象很普遍。而对于经典，是需要深度阅读的，只有反复的咀嚼品味，才能领略语言之美、结构之整、意蕴之丰。

（发表于《语文教学与研究》2019 年第 17 期，第 58～62 页，有改动）

整本书阅读中的点、线、面、体

——以《朝花夕拾》为例

南师附中新城初中怡康街分校 伏荣超

自语文新课程标准提出“整本书阅读”以来，“整本书阅读”日益受到教育专家、学者及一线语文教师的重视，并积极开展此项理论研究与实践探索，各地纷纷举办有关“整本书阅读”的培训研讨、观摩交流活动，推出“整本书阅读策略”“整本书阅读课型”“整本书阅读模式”等经验和做法，应该说“整本书阅读”成了语文界最大的“热词”。但“狂热”的同时，也需要“冷静”的反思、理性的“韧”，要警惕整本书阅读中“淡化兴趣”“忽视习惯”“指导缺失”“评价失衡”“目光短浅”等不良倾向和“以练代读”“以点带面”“以师代生”“以写代读”“以考代导”等不当做法。以下，笔者以《朝花夕拾》为例，谈谈在整本书阅读中的一点尝试，敬请方家指教。

一、选“点”

选“点”是在学生对整本书“通读”的前提下，结合自己的“初读”感受、“第一印象”，在获得“知性的喜悦”的基础上，渴望得到新的、更多的发现与“感动”的阅读方法。

当然，学生初读整本书，未必能一字一句从头读到尾，往往先看开头，然后翻遍全书，寻找自己最想知道的内容。因此，此阶段需要得到教师的帮助和支持，以完成对整本书的“通读”。北京教育学院吴欣歆教授针对不同阅读习惯和阅读能力的学生，提出了“阅读计划辅助的自主通读”、“阅读任务督促的顺序通读”和“阅读活动引领的整体通读”三种支持策略，帮助学生大致了解情节与全书的结构，对人物形成初步的印象，达成“熟悉”文本的目的。

《朝花夕拾》创作于鲁迅生活最为动荡不安的1926年，共包括十篇散文，语言自然诚恳、幽默风趣，在对往事的追忆中融入对现实的思考，具有丰富的艺术价值和深刻的思想内涵。应该说，《朝花夕拾》值得探究的“点”很多。如：人物描写（愚昧善良的长妈妈，朴素伟大的藤野先生，觉醒而又苦闷的范爱农，慈爱、严厉、专制的父亲，心术不正、自私自利、令人憎恶的衍太太）、绍兴民俗（健康淳朴的民俗、病态丑恶的民俗）、语言特点（清新隽永、刻画鲜明、多种手法等）、时空关系（“百草园”—“现代都市”—“异国他乡”—“故乡”的空间转换，童年—少年—青年的时间表达)、创作心理(回忆与忘却的双重表达与强化、无地彷徨与精神还乡)、艺术价值(细节描写像小说、语言优美如诗歌、抒情思辨似杂文,体现了雍容、幽默、洗练的艺术特色,尤其是它的“闲话风”体式,开现代散文创作的一代新风,在现代散文史上具有独特的艺术价值)、文献价值(记录了鲁迅30年间从家庭到社会,从乡村到城市,从国内到国外发生的一系列重要事件,是研究鲁迅青少年时代生活和他早期思想发展轨迹,以及当时社会历史状况的重要艺术文献)等。

分析阅读的“点”包括兴趣点、疑惑点、感动点、矛盾点、新奇点等,是学生由“通读”转向“分析阅读”,由“感知”走向“理解”的“动力源”“催化剂”“发动机”,萌生并决定着探究活动的主题。青春语文的倡导者王君老师称之为“心灵悸动点”,并提出“确立趣点—整合信息—细读精思—梳理归类—质疑问难—讨论切磋—撰写报告—汇报演讲”的探究式阅读流程,从而促进整本书阅读走向深处。

二、理“线”

整本书阅读不同于单篇的文本阅读,它具有阅读的整体、编整、全整的特点。教师要指导学生结合序言、目录、后记(跋),通过“检视性阅读”,把握整本书的结构、找到作品的叙事线索,从而用这条“线”将点点“珍珠”串联起来。《朝花夕拾》作为鲁迅唯一一部以自我经历为主线的回忆性散文集,作品以鲁迅青少年时代的生活经历为线索,真实生动地叙写了他从农村到城镇、从家庭到社会、从国内到国外的一组生活经历,抒发了对往昔亲友和师长的怀念之情,形象地反映了他的性格和志趣的形成经过,同时也对旧势力、旧文化进行了嘲讽和抨击。为此,可以绘制出双线图(图1)。

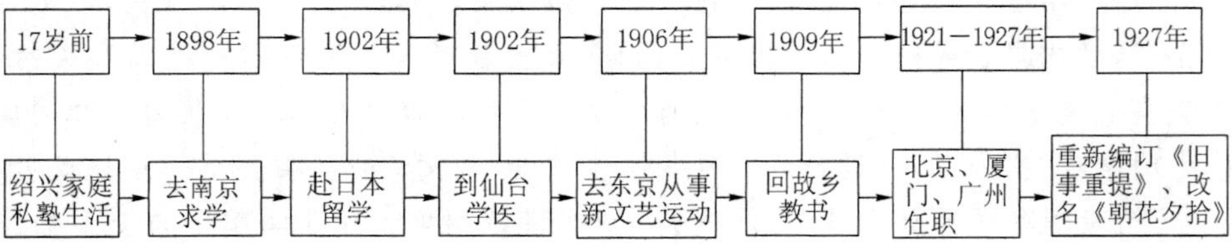

图1 双线图

从以上时间链和空间链可以看出,鲁迅先生30多年间,不断地奔波和迁徙,游走于“百草园”、“现代都市”、“异国他乡”和“故乡”等不同空间。正如浙江警官职业学院魏庆培先生所言,“故乡”本身就是“故”(时间)与“乡”(空间)的结合,“故乡”的叙述是一种建立在时间向度上的空间书写,也是一种建立在空间迁徙中的时间性表达。而时间与空间的组合便表明了鲁迅青少年时代的生活经历,这就是《朝花夕拾》这本“回忆的记事”的线索。

三、构“面”

要全面了解一本书的内容需要全盘式、完整性的分析阅读。正如莫提默·J.艾德勒和查尔斯·范多伦所言:“如果说检视阅读是在有限的时间内,最好也是最完整的阅读,那么分析阅读就是在无限的时间里,最好也是最完整的阅读。”《朝花夕拾》这本书由“引言”、十篇散文和“后记”组成。十篇散文的前七篇反映鲁迅童年时代在绍兴的家庭和私塾中的生活情景,后三篇叙述他从家乡到南京,又到日本留学,然后回国教书的经历。我们通过完整的阅读,可以绘制出平面图(图2)。

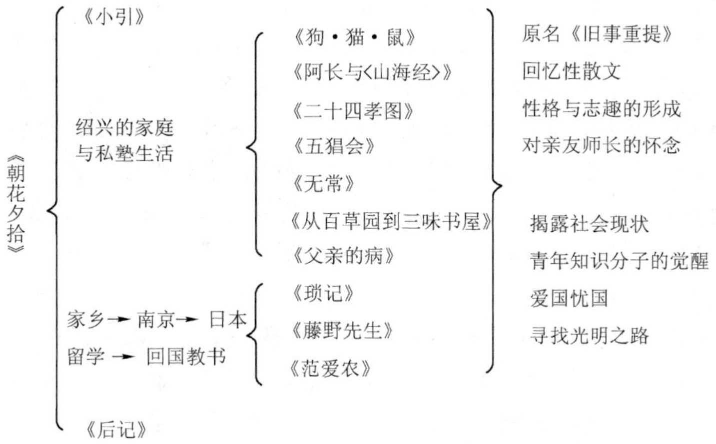

图2 平面图

通过以上这幅图,我们可以全面地表现出整本书的内容,理清作者青少年时代的生活经历,了解书名、文体、作者情感,明确这本书的主旨。因此,这种分析阅读是寻求理解的阅读,永远是一种专注的活动。

构“面”阅读需要打破“一篇”,甚至“一本”的界限,走向“专题”阅读,开展“专题”探究。如现行统编版初中语文教材,共选入了鲁迅所写的七篇文章,《从百草园到三味书屋》《阿长与〈山海经〉》《藤野先生》选自散文集《朝花夕拾》。我们可以理出鲁迅从少年到青年时代的成长经历;结合《父亲的病》,理解其家境的变化对鲁迅性格的影响;结合《藤野先生》《范爱农》,理解鲁迅思想的变化。《孔乙己》《社戏》《故乡》选自小说集《呐喊》,《中国人失掉自信力了吗》选自《且介亭杂文》,我们结合《二十四孝图》《祝福》《〈呐喊〉自序》《〈野草〉题辞》等就可以对鲁迅的文学主张、他对中国革命的思考、对国民性的表现与批判能有初步的认识,为将来高中学习做铺垫。

四、立"体"

整本书阅读不能仅仅停留于对"书"的感知，而应用正确的态度、审辨的思维、全息的视觉读懂"书"中的"人"，从阅读、审辨、省思中受到教益，让自己成为"日日新"的人。

读《朝花夕拾》，我们了解其主要人物、经典情节、内容主旨、艺术特色，读出了鲁迅的儿童教育观、对封建孝道的批判、对革命前路的思考、语言艺术、文学主张等。我们还要读鲁迅的其他作品以及别人写鲁迅的作品，这样才能真正读出一个"立体"的、真实的鲁迅。如读萧红的《回忆鲁迅先生(节选)》，去感受生活中真实的鲁迅先生，了解他的个性、情趣、魅力、气质。还可以阅读陈丹青的《笑谈大先生》、唐弢的《琐忆》、王晓明的《无法直面的人生：鲁迅传》，就能够更加理解鲁迅的为人和生活。理解他本质上是一个非常乐观、待人随和、很理想主义的人。这种随和不是从小家庭优渥所造就的乐观和随和，而是洞察世事的辛酸苦辣，看透人性的阴冷可怖之后的豁达和宽和。所以，他的性格和文字里常常呈现出鲜明的爱憎和冷热。他把长妈妈写得那么粗俗、愚昧，但是又那么动人，那么深情；他把华老栓写得那么愚蠢可悲，把周围的人写得那么凉薄冷漠，却还要在夏瑜的坟上放一个小花环。

鲁迅在《故乡》的最后说："我希望他们不再像我，又大家隔膜起来……然而我又不愿意他们因为要一气，都如我的辛苦辗转而生活，也不愿意他们都如闰土的辛苦麻木而生活，也不愿意都如别人的辛苦恣睢而生活。他们应该有新的生活，为我们所未经生活过的。"为了这个目的，他"自己背着因袭的重担，肩住了黑暗的闸门，放他们到宽阔光明的地方去；此后幸福的度日，合理的做人。"所以他对青年，对文学后辈非常关爱，但是又时时需要战斗，需要拿起笔，写匕首投枪一样的文字。

这样的鲁迅不再是"骑手""干将"，不是板着面孔、皱着眉头的神，他的作品才能摆脱政治的标签，真正焕发出生命力，成为我们取之不竭的文学财富和精神宝库。我想这就是教材编者希望消除与经典的隔膜的初衷吧。

整本书阅读要回归本源，遵循整本书的阅读规律，不可急功近利。整本书阅读也非"新生儿"，更不是语文学科的"专职"。拿单篇文本精读经验、导读思维去阅读整本书，或仅仅局限于语文学科去阅读整本书，则无益于整本书阅读的推进，也无益于学生综合素养的提升。

[发表于《初中生世界》(初中教学研究)
2019 年第 40 期，第 4～6 页，有改动]

“前置性补偿”观照下的整本书阅读

南京市南湖第二中学 王新芳

温儒敏教授在《让学生“连滚带爬”地读书》一文中指出：“（学生）上了那么多课，做了那么多题，考了那么多试，还是不会读书，特别是不会完整地读一本书。”的确，长久以来，整本书阅读被漠视，阅读目标单一、功利，无形中扼杀了学生的阅读兴趣，进而造成学生在整本书阅读中对经典作品有隔阂、阅读缺乏层次性、对不同的读物缺少相应的阅读方法的现状，这就需要教师针对学生在阅读上的缺失进行相应的“前置性补偿”。

所谓“前置性补偿”，是指综合考虑课程标准、教材内容、学生学情（包括智力与情感）等诸多因素，基于学情确定学生的学习起点，结合学习目标在教授新知前补偿学生在单元知识体系或新授知识中的疏漏，唤醒旧知并与新知相勾连，激发学生学习的信心、兴趣和潜能。

“前置性补偿”下的整本书阅读，其意义在于针对学生的阅读缺失及畏难心理，构建相应的学习支架，从学生视角采用多种手段消除与经典的隔膜，培养学生阅读的兴趣；唤醒并依托学生的现有储备，提升学生的知识迁移能力；勾连学生的现实生活，填补学生的阅读盲区；在阅读与表达之间搭建桥梁，消弭学生学习与运用之间的鸿沟。

一、激趣，从漠视到聚焦

受生活环境、阅历、心智等多方面的局限，学生与经典名著之间往往存在隔阂，导致缺乏阅读兴趣。此时，教师在开展整本书阅读指导时，就需要进行激趣补偿。

一次读书沙龙活动中，笔者结合《西游记》的名著导读课，与年轻教师研讨，旨在从“循着情节链探寻，激发兴趣”“到精髓处漫溯，激活思维”“在共鸣处撩拨，激醒个性”三方面，层层深入地实施激趣补偿。以下为沙龙研讨的节录：

李老师：王老师，您好！我们在指导学生开展整本书阅读时常常感到比较困难，因为大家往往会选取其中的精彩片段来分析，一不小心就变成了分析名著精彩片段的阅读课。感觉这与整本书阅读有些背离，所以想听听您的建议。

王老师：开展整本书阅读，确实存在着一定的难度。毕竟在信息化时代，学生如果仅仅想了解名著的相关内容，可以有多种途径。以《西游记》为例，每年暑假各电视台都会重播，学生对其中不少故事都耳熟能详。既然如此，他们为何要捧着一本厚厚的书来阅读呢？所以，这时候就需要教师有切实可行的指导方法来激发他们阅读整本书的兴趣。

比如，我会以学生非常喜欢的动画电影《大圣归来》为引子来激趣。在这里有两点说明：第一，激趣用的资料，教师可以选择自己熟悉的、喜欢的、顺手的；第二，所有激趣用的资料都不能替代原著本身。我选择《大圣归来》不仅是因为学生和我都很喜欢，还因为这部电影虽然有不少改编，但里面有几个点特别能激发学生回到原著，立足整本书阅读寻找答案，这样也算是在激发学生阅读兴趣上的补偿。

当时，我先提了一个问题：谁是大圣？学生能很快说出，因为在《西游记》的第一回作者就进行了交代——祖师道："我门中有十二个字，分派起名，到你乃第十辈之小徒矣。"猴王道："那十二个字？"祖师道："乃'广大智慧真如性海颖悟圆觉'十二字。排到你，正当'悟'字。与你起个法名叫作'孙悟空'，好么？"猴王笑道："好，好，好！自今就叫作孙悟空也！"

但我们要进一步追问学生："在《西游记》中，孙悟空还有其他的名号，请结合具体情节说明其得名缘由。"这就需要学生阅读整本书，将前后的故事勾连起来。

李老师：王老师，我明白了，如果要梳理孙悟空的名号，必须要阅读整本书。我们也可以尝试从唐僧、猪八戒、沙僧的角度入手。

王老师：激发学生的求知欲望，需要我们循着情节链探寻，激发阅读兴趣。我们刚才关注了"谁是大圣"，还可以进一步思考"何谓归来"。归来，不仅仅是回来，在电影中归来的不仅是大圣的肉身，还有面对魔王抗争的勇气。我们回到原著中，通读整本书会发现，大圣归来的东西还有很多。此时，我们可以设计这样两个问题：① 大圣在五行山下被解除封印归来，归来的除了肉身还有什么？② 归来后，大圣有何变化？

学生只有在完成整本书阅读的情况下才能发现并理解孙悟空从第一回中的自由自在、无拘无束到经历八十一难后的坚强勇敢，甚至在最后几回他跟唐僧说："只要心诚志坚，念念回首处，即是灵山。"孙悟空从懵懂到成熟，其实也可以映照出我们每一个人的成长历程。

当然，我们也可以择取别的立足点，比如师徒四人的取经过程、"妖精"与"妖怪"的区别，等等。

李老师：我明白了，我们在设计任何一个问题的时候，都应该站在整本书的立场。这样的设计能带领学生更了解人物，而且人物的形象也会逐渐从平面到立体。

王老师：对，设计一个巧妙的问题，指导学生到精髓处漫溯，激活思维。另外，在统编初中语文教材中，对于《西游记》阅读方法的指导是"精读和跳读"，这是非常有必要教会学生的。其次，我们要明白，学生的跳读是跳过不感兴趣的和与自己阅读目的不符的情节；精读是选择自己喜欢的多读、静思。但如果没有读过整本书，怎么会知道自己如何取舍“精”“跳”？所以，精读与跳读都是在整本书阅读基础上的个性化阅读。

可见，激趣补偿最大的好处就是让学生从漠视到聚焦。首先，教师要了解学生对整本书缺乏阅读兴趣的原因；然后，用学生乐于接受的形式来进行激趣补偿。一旦有了兴趣，学生自然会在整本书中梳理情节，了解人物，思辨阅读。

二、唤醒，从已知到未知

初中生的好奇心和探究欲都比较强烈，所以激趣补偿大多行之有效。但如果他们发现自己将要阅读的书难度过大，很可能会半途而废。此时就需要教师采用“前置性补偿”策略唤醒学生已有的知识储备，并构建较为完整的思维流程，从而纾解其阅读整本书的畏难情绪。

近年来，南京市教研室带领一批优秀语文教师开发了60个图书导读微课，这些微课深受一线教师与广大学生的欢迎。究其原因，除了生动有趣之外，这些微课还特别强调从学生已有的阅读经验和生活体验出发，迁移到新知的学习中去。

以《山海经》的导读微课为例，基于学生熟悉的《阿长与〈山海经〉》提问：“让鲁迅魂牵梦绕的这本上古神书究竟是什么样的呢？”一下子就唤醒了学生的旧知。另外，在真正阅读《山海经》之前，教师还“前置性”地介绍《仙剑奇侠传》《古剑奇谭》《花千骨》中的神器、《芈月传》中的法力、《大圣归来》里妖王的形象等均脱胎于《山海经》。这种补偿巧妙运用了学生喜闻乐见的影视作品，他们惊喜地发现原来这一文言文奇书并不难。学生的阅读体验一旦被唤醒，再开展整本书阅读就会顺畅得多。

尊重学生已有的知识（或系统化或碎片化），采用“前置性补偿”策略，在阅读目标的引领下，构建小型任务链，将旧知与新知相勾连。在这种温故知新的学习过程中给予学生成功的体验，从而激发其求知欲。

三、勾连，从生活到书本

温儒敏教授在《温儒敏论语文教育》中提倡：“让阅读真正走进学生生活。”这不仅是要让阅读成为学生生活的常态，而且也是希望阅读能与学生的生活真正勾连，不能成为另一种形式的纸上谈兵。

在开展整本书阅读时，我们还可以采用“前置性补偿”策略有效勾连生活与书本。比如在引导学生阅读《世说新语》《三国演义》等书时，就可以利用南京“六朝古都”的身份中蕴含的生活资源。教师可通过设置一些研究性阅读任务，充分调动学生的生活体验，使纸质阅读与旅行阅读相勾连，让心灵旅行与实地行走相结合。

如可以开展“烟雨江南·六朝风流”阅读活动，按照“阅读引领”“文化寻访”“辅助阅读”“整本书阅读”四个环节，逐层深入推进。“阅读引领”环节，教师可以开设“六朝历史”“六朝文脉”等讲座，让学生先厘清相关的知识体系，再实地考察，走进六朝的历史与文化；“文化寻访”环节，可以参观六朝博物馆、朝天宫等；再辅助阅读《品三国》《陌上花开缓缓归》等浅显有趣的书籍；在此基础上，开展《世说新语》《三国演义》的整本书阅读。

这种勾连就使得整本书阅读不再拘泥于一方狭小的空间，而教师在阅读开展前的种种补偿措施也避免了对学生阅读的“个性加工”和“知识灌装”。

四、运用，从阅读到表达

余党绪老师在整本书阅读活动中非常重视“转化性写作”，着力训练学生借助经典中的文化资源和思想资源，来表达自己的思想与观点的意识与能力。他认为，虽然“活学活用”一词包含了投机与功利因素，但教学的确是需要“活学活用”的，运用是对经典阅读最直接的反馈。在整本书阅读时，师生如果仅停留在了解故事情节、赏析人物形象、分析写作技巧的层面，那就非常可惜了。在进行整本书阅读时，适当利用好一些“前置性补偿”手段，能很好地提升学生的口头和书面表达能力。

南京市语文教研员袁源老师在指导《朝花夕拾》的整本书阅读时，没有采用看似热闹的课本剧展演，也没有制作浮于表面的读书小报，而是大量运用“前置性补偿”策略，不仅润物无声地消除了现代学生与鲁迅作品的隔阂，还有效锻炼了学生的口头及书面表达能力。

首先，袁老师提供了充足的时间让学生尽情地说与写。“童言无忌”环节：① 说出你小时候说过的最有趣的话；② 你认为谁说得最好玩，记下他的名字，阐述理由。人人有任务，要写要说要听要辨别。“童友无猜”环节：这个“友”可以是人、小动物或者玩具等，需要写出5～6句话来证明你和“他（它）”真的是好朋友。每组推举一人演讲，要求仪态大方、声音洪亮。“童心无瑕”环节：在“长大（有/没）意思”中做出选择，并说说理由。

然后，进入郁雨君《当时实在年纪小》的整本书阅读，让学生撰写阅读感悟。在交流过程中，学生慢慢发现原来童年的喜怒哀乐均可以入文，长大后回看儿时竟有不同的心境与风景。

最后，引入鲁迅《朝花夕拾》的整本书阅读，并让学生完整地写一件自己的童年乐事。此时，学生惊喜地发现自己与大师、与经典之间其实并没有“可悲的厚障壁”。

尽管《朝花夕拾》的整本书阅读用去了4个课时，但我们会发现袁老师的“前置性补偿”非常有效，摒弃了传统的“赏析体”名著导读，更侧重于运用，在阅读与表达之间搭建了桥梁，让学生的阅读顺畅地从一篇文到一本书再到一类书。

佐藤学提出：“倾听每一位学生的困惑与沉默，正是课堂教学的出发点。”这恰恰是“前置性补偿”的重点；而教师在“支援学习的过程”这一教育理念指导下帮助学生进行整本书阅读，则需要进一步思考“如何补偿”。切合学生的阅读基础，采用相应的“前置性补偿”策略，必能达到莫提默·J.艾德勒和查尔斯·范多伦在《如何阅读一本书》中所说的：“读一本好书不只让你懂得如何读得更好，还更懂得生命；你变得更有智慧，而不只是更有知识……你会成为一位智者，对人类生命中永恒的真理有更深刻的认识。”那样，我们就在学生的心中埋下了一颗读书的种子。

[发表于《教育研究与评论》(中学教育教学)
2018年第5期，第26～29页，有改动]

初中生整本书阅读中的教师支持

南京市建邺初级中学　吴朝杰

早在20世纪40年代初，著名教育家叶圣陶先生就提出“读整本的书”的主张。如今，初中生整书册阅读越来越受到重视，只要是阅读指导课，都会由一篇文章引申到一本书或整书册。鲁迅先生曾经说过：“倘要论文，最好是顾及全篇，并且顾及作者的全人，以及他所处的社会状态，这才较为确凿。要不然，是很容易近于说梦的。”鲁迅先生所谓的“全篇”，笔者的理解是相对于“某一段文”的“整篇文”，也可以是相对于“某一篇文”的“整书册”。为了深入了解作家，或者为了全面理解文章内容和主旨，是有必要将“这一篇”相关的“整书册”好好读一读的。

初中生对于整书册的阅读理解水平还稍显不足，尤其是刚踏进初中的学生，对整书册阅读还缺乏恰当的方法和充分的心理准备。他们会在阅读的整个过程中，遇到各种各样的困难，而能助他们一臂之力的就是我们语文教师了。现在谈自主阅读，好像就应该是学生自己读，没教师什么事了，其实不然，相反对教师的要求还多了起来。

阅读过程大致可以分为阅读初期、阅读中期、阅读后期三大阶段，教师的支持性行为理应贯穿于整个过程之中。

一、阅读初期：三个“良好”，让整书册阅读有计划、有准备

1. 采取良好的调动方式，激发学生的阅读兴趣

著名的教育家和心理学家布卢姆曾说过：“学习的最大动力，是对学习材料的兴趣。”一本书拿在手里，书本自身的书名、书册的包装、学生的内在需求都可能决定着阅读的兴趣，抛开这些因素，教师如何进一步激发学生看这本书的兴趣呢？这时候，“八仙过海，各显神通”，且看我们自身的激趣能力了。我们常常能看到不少老师会当堂翻开书中的序言，为学生们读一读，也有老师列举一些名家的评论和推荐语，当然，也有的老师用与书籍内容相关的问题设置悬念，引发学生的思考，激发学生阅读兴趣等等，这些老师的做法都是挺好的。总之，无论怎样的方法，能够调动学生去阅读的才是好方法。学生有了兴趣，才能更主动地去阅读，去探究。

2. 协助学生制订良好的阅读计划，保障阅读循序渐进

教师根据整书册的字数、页数、章节数，给出一个适当的每日阅读量参考范围，并设置一个最低阅读量。学生在此基础上，根据自己的阅读速度和习惯进行

适当调整，形成一个阅读量的计划表。教师的助力行为，其实在这里表现为对学生，尤其是计划性不强的学生提供时间管理和过程监督。有了阅读计划，才能更好地完成阅读任务。

3. 为学生营造良好的阅读氛围，助力学生静心阅读

良好的阅读氛围更有利于学生的阅读，笔者周末时常看到在安静的图书馆里，不少学生一坐就是一个下午，读了不少书。图书馆有适宜读书的优势，主要体现在从容的时间、安静舒适的环境，还有和自己一样想读书的同伴。

然而，我们并不是强求每个学生要阅读都非得跑到图书馆去，而是尽量营造良好的类似图书馆的氛围。在学校里，安静舒适的环境以及一起读书的同伴，这些条件都可以满足，唯有时间不够宽裕，而这正是我们教师应该为学生创造的。比如把自己的语文课改为阅读课，和其他老师协调自习课的使用权等等，为学生争取到读书的时间，带学生在班级或者到学校阅览室开展集体阅读。

家里的环境相对来说更加安静，时间也会宽裕一些，但是少了一起读书的同伴，这是一个劣势。因为还处于儿童时期的初中生或多或少也存在着从众心理，同伴都在读书，也会激发自己读书的热情。所以，语文教师还要做这样的一件事情，那就是与家长交流，得到家长的支持，动员家长充当“伴读”，与孩子一起读书。

二、阅读中期：四个“引导”，让整书册阅读有深入、有延续

1. “学贵有疑”，引导学生善于发现问题，大胆质疑

在阅读过程中，学生对文本的理解、阅读的感受，会伴随着阅读的推进而越来越深刻起来。但是逆来顺受的阅读绝不是最好的选择，当下流行批判性阅读，即要用自己的头脑与作家的头脑进行交流，产生思想的碰撞，这才是阅读一本书最有效的方式。著名教育学家苏霍姆林斯基说：“三十年的经验使我相信，学生的智力发展取决于是否会很好的阅读。会边读边想的同学，比起那些不会迅速阅读的人来，处理事情要快些，顺利些。请记住，愈是困难的学生，他在学习中遇到似乎不可克服的困难越大。他就越需要阅读。阅读能教他思考，思考会刺激智力觉醒。”无论思考的程度是深刻还是浅薄，只要抱着不思考不读书的理念去读书，终会有收获。教师在此过程中，要不断鼓励学生善于发现问题，大胆质疑，运用圈点勾画法将质疑处做好标记，写下批注，提出自己的思考。紧接着，教师要利用一些时间收集这些质疑之处，挑选出有价值的问题在全班进行交流。这样做，既解决了学生的阅读障碍，还激励了学生的质疑行为，体现了对学生的重视和尊重。

2. 引导学生自主解决问题，教他们查找相关资料，学会用已知探究未知

在阅读过程中产生的疑问，应当由学生自主去解决。比如在上一话题中提

到的，当学生提出质疑时，教师应当收集这些疑问，并挑选有价值的问题在全班交流。所有的教师助力行为都必须以遵循“学生的学”为原则，不要过分干预，替他解答。学生自主解决问题，并非教师可以袖手旁观。教师要注重方法指导，教他们学会查找资料，学会用已知探究未知，组织他们开展小组交流，研讨所质疑的问题。

3. 引导学生顺利度过阅读“瓶颈期”，让阅读得以延续

这里的阅读瓶颈期，是指学生在阅读过程中由于人物、事件变得复杂，信息量增大，抑或内容晦涩难懂而产生读不下去的这一段时期。这段时期，学生会产生畏难情绪，阅读进度变缓，甚至产生放弃阅读的心理。教师此时除了不断鼓励之外，还应调查学生阅读的真实情况。如果大多数学生都处于阅读瓶颈期，教师就应该组织开展一次中期阅读交流会，可以有针对性地帮助学生梳理一下人物之间的关系，抑或引导学生对纷杂的事件进行归纳整理，等等，以帮助学生有效消除畏难心理，顺利突破阅读瓶颈，让阅读得以延续。

4. 引导学生深入文本，理解深层内涵，探索语言的奥秘，增强获得感

不少学生在整书册阅读过程中会采取略读的方式，以这样的方式阅读，速度较快，但是阅读效果不太好，走马观花，只能了解到内容梗概，很难深入文本。然而，采取精读，时间耗费较多，条件不允许，真是左右为难。在这种情况下，教师应建议学生可以采取略读和精读相结合的方法来阅读。这就考验教师自身的阅读水平啦！教师要准确遴选出本书中最能体现作家语言特色的、最能表现本书主旨情感的、最能打动学生内心的章节，让学生精读并批注。通过这些章节，老师引导学生深入文本，理解深层内涵，探索语言的奥秘，让学生增强获得感。这样的阅读既有深度，又保证了速度。

三、阅读后期：三个“建立”，让整书册阅读有思维、有拓展

1. 帮助学生建立交流互动平台，让语言表达和思维训练落到实处

在阅读结束时，要及时开展整书册读后交流会或者读书成果汇报课，可以对文中的人物、情节、场景、主题、情感等各种问题展开交流研讨，也可以分小组就某个专题，形成研究报告，进行成果汇报。这个交流互动平台是需要教师花精力去精心组织的，即便让学生干部组织，也是需要教师精心备课的。学生的研究报告，教师要有所了解，并针对其优点与不足能够在现场提出建议和意见；学生有争议的问题，教师要有预判，更要有深一步的见解，方能在学生辩论之后、迷茫之时给予解答，为学生打开一扇发散思维的窗。

2. 建立有效的评价激励机制，让阅读成为一种习惯

何为“有效”的评价激励机制？笔者认为，有利于激发学生阅读兴趣、增强阅读信心的，有利于学生提高深入探究的主动性的，有利于学生打开思维的，都是

“有效”的。有效的评价激励机制还能帮助学生认识自我，激发他们内在的学习动力，更有助于学生培养良好的阅读习惯。评价激励机制其实也不一定是阅读后期的专属，阅读中期就可以实时跟进了。但无论在哪个阶段实施，都应当多多采取积极的评价激励方式，推动后续阅读的及时跟进。

3. 帮助学生建立书册之间的勾连，提升阅读的宽度和广度

阅读一本书，教会学生总结整理一套阅读方法的同时，还要推荐同类型或者同主题的书籍让他们去阅读，进而实施延伸阅读和比较阅读。美国作家莫提默在《如何阅读一本书》中指出阅读有四个层次：基础阅读、检视阅读、分析阅读和主题阅读。我们阅读一本书，可以实现前面三个层次，而第四个层次——主题阅读，则需要我们阅读多本同主题的书籍，也可以称为比较阅读。教师要帮助学生建立同主题的不同书籍之间的勾连，列举出这些书的相关之处，引导学生分析这些书籍之间的差异表达。这个阅读层次对学生的要求比较高，挑战性最大，当然也是最有价值的，极大地提升阅读的宽度和广度。无论教师最终带领学生走到了哪个层次，只要肯往上钻一钻，努力去探索，总是好的。

在阅读过程中，教师为初中生整书册阅读实施助力行为的同时，也要牢记：阅读要更注重学生个人的体验。我们在全心全意为学生服务的时候，别好心办坏事，将自己的思想强加于学生，这样就适得其反了。我们既不想做花瓶当摆设，也不能越俎代庖，剥夺了本该属于学生的主体地位。

[发表于《初中生世界》(初中教学研究)
2019 年第 40 期，第 7～8 页，有改动]

任务驱动背后的背后

——以《猎人笔记》的推进课为例

南京市致远初级中学　杨　菁

整本书阅读是当前语文教学的热点，如何有效指导则是我们语文教师面临的难题：我们怎么知道学生读了没有？如何了解他们读到了什么程度？如何引导他们读得更深入更透彻呢？

驱动性任务是指学习任务本身具有吸引力，驱动学生积极参与、主动投入的任务，往往是以学生为主体的探究性学习实践活动。将其与初中语文整本书阅读的教学进行有效融合，将小说阅读置于具体的学习探究任务情境之中，通过设计具有"真问题"的任务项目来组织教学活动，再通过有针对性的学习支持，推进整本书阅读走向深处。

下面以笔者的一节名著推进课为例，具体呈现有关的思考与实践。

【教学目标】

(1) 通过浏览目录，跳读地名，完善"行猎路线图"，整体感知本书的结构。

(2) 通过学生推荐最佳风景地，感受本书诗化的语言特色。

(3) 通过"这是一部悲剧吗？"的思辨讨论，把握人物形象，初步感知作者的创作意图。

【教学重点】 教学目标(2)、(3)。

【教学准备】 学生初读 1 到 10 篇，完成"行猎路线图"。

【教学过程】

一、导入

师：读万卷书，行万里路。阅读也是一种旅行，今天这节课我们就来一场说走就走的跨国之旅。旅行的目的地：俄罗斯。一起共读屠格涅夫的《猎人笔记》。作品以一个猎人的行猎为线索，再现了那里广阔的平原、富饶的田野、整齐的白桦林以及各种各样的野花与形形色色的俄罗斯人民。让我们一起去看看吧！

设计意图：创设情境，消除与经典的隔膜。

二、学习过程

任务一：浏览目录，跳读地名，完善"行猎路线图"。

师：俄罗斯那么大，我们究竟去哪里，有什么好的攻略可以借鉴？

(1) 展示学生初读后制作的“行猎路线图”并评价。

生:箭头式路线图比较清晰地突出猎人的打猎路线,地名旁的配图非常醒目得突出这个地方的景物特点,图文并茂,令人赏心悦目。

生:条目式梳理也比较清晰,最有亮点的是突出了这个地方的特有猎物,体现了猎人视角。

生:路线图上除了要去的地点外,还增加了所遇之人、所遇之事,比较完整。

师:大家从路线图的形式到内容都给予了比较具体的评价,不论是怎样的形式,都努力做到准确、清晰、醒目。

(2) 借助目录,完善路线图。

师:从地名中感受不一样的异域风情。PPT 引《树林与草原》中的那句话:荷枪带狗去打猎,本身就是一件绝妙的事。就算您生来就不喜欢打猎,但您总是喜欢大自然的。

(3) 请一生推荐最佳风景地,说说最佳的理由。

生:P93《别任草地》“到傍晚,这些云彩渐渐消失;那最后一批云朵,黑黑的,烟雾蒙蒙的,经落日一照,宛若一球一球的玫瑰:在太阳像升起时那样静静的落下去的地方,血红的余晖在暗下来的大地上空留了不大一会儿,金星就像有人小心端着的蜡烛一样轻轻颤动着在那闪耀起来。在这样的日子里,一切色彩都很柔和;浅淡,而不是浓艳;一切都带有亲切感人的意味……”

这是七月里的一天,猎人去打松鸡时展现的原野之景,尤其写出了傍晚时夕阳下云彩的变幻无穷、色彩绚丽。

师:在他笔下,广阔的平原、富饶的田野、整齐的白桦林以及各种各样的野花和鸟儿都栩栩如生,如“大量高高的金灰色的圆形云朵,镶着柔和的白边。它们犹如分布在泛滥无边的河中岛屿……”作者对天空云彩的描绘,画面清晰明朗,变化多端又井然有序,具有自然真切、让人身临其境的美感。

PPT 呈现列夫·托尔斯泰的评价:他三两笔一勾,大自然就散发出芬芳的气息。

师:从自然景物的品读中感受屠格涅夫把欣赏自然、感受万物当作重要的生命体验这一艺术特色。在这异常优美的自然风景里又能遇见怎样的俄罗斯人?他们身上又会有怎样的故事发生?

设计意图:以评价并完善行猎路线图的任务驱动,帮助学生学会借助目录整体把握本书的主要内容;再通过最佳风景地的推荐,感受作品特色:油画一般的绘画美。

任务二：借助路线图上你批注的人物名，回忆一个你印象深刻的人，为他做《人物简历表》。

PPT出示人物简历（表1）。

表1　人物简历

姓名（绰号）	
外貌特征	
性格特点	
相关情节	
身份	

生：我印象深刻的是《霍尔和卡里内奇》。

霍尔：

"我好奇地打量着这个人。他那面容活像苏格拉底：同样的带点疙瘩的高额们，同样的小眼睛，同样的翘鼻子。"接着从霍尔的谈话中，"我得出一种信念……彼得大帝主要表现出俄罗斯人的特性，俄罗斯人的特性正表现于他的革新精神中。"

卡里内奇：

"明儿又是个大晴天！"

"不，老爷，明儿有雨，你看，鸭子在那儿拨拉水呢，草味儿也浓！"

卡里内奇很有把握地说，仿佛是个气象专家。

伴着歌声，他把马车赶进了丛林。

霍尔是个积极实干的人，有办事头脑，一个纯理性主义者；卡利内奇同他正好相反，属于理想家，是浪漫主义者，是狂热且富于幻想的一类人。在猎人眼中，卡利内奇更接近大自然，是个气象专家。

师：两个农奴个性鲜明，他们既是农奴又是革新者、气象专家。

生：我印象深刻的是《美丽的梅恰河畔的卡西扬》。

一个年约五十的矮人，又瘦又小的黑脸上全是皱纹，鼻子尖尖的，一双褐色的小眼几乎让人看不出来，卷曲而浓密的黑发像香菌的草帽儿一般铺展在他的小脑袋上。他的身子十分虚弱，十分干瘦，他的目光奇特与古怪，是无法用文字来形容的。

……

这古怪的小老头语调悠长，声音叫我感到奇怪。

……

这声音一点也不像老者，而且有种惊人的甜美、青春的活力以及女性般的温柔。

这位外表丑陋而拥有美妙声音的人有一颗温柔善良的心，他不但收养了孤苦的小姑娘，成为她的保护神，还将爱给了美丽的大自然。他认为“所有树林里的生物，田野里的和河里的生物，沼地里的和草地上的，高处和低处的，杀它们都是罪过，应该让它们活在世界上直到它们寿终。”这是一个智慧的、拥有灵性的生命，令人赞美。

师：除了霍尔、卡里内奇、卡西扬，还有叶尔莫莱、菲佳等农奴的孩子，他们的形象各具特色，身份都是农人。书中似乎还出现了一类与他们的身份截然不同的一类人，你发现了吗？

生：《总管》中的地主宾诺奇金，虽然他对我极热情友好，但我进入到他的庄园就有一种说不出来的压抑，在面对农民老头声泪俱下的控诉时，他只关心自己在客人面前的面子，完全是一副冷酷无情的傲慢嘴脸。而他的总管在讨好他时的话语、表情和行动，更加狠毒和虚伪。

生：还有《两地主》中抱着“老爷终究是老爷，农人终归是农人”思想的斯捷古诺夫，他“带着仁慈的微笑”倾听管家惩罚管餐室的老头儿华西亚，还认为这是“为了爱而惩罚”。

师：像拉季洛夫、菲多尔、奥夫西尼科夫、宾诺奇金这些地主与农人之间似乎有一条不可跨越的鸿沟。为什么？

生：当时处于农奴制时代，农奴只是地主们的私有财产，甚至被当成货物交换，根本没有自由的权利。

师：非常好！这个同学从写作的时代背景给我们介绍了农奴制，农奴制是封建社会中封建领主在其领地上建立起来的剥削奴役农奴的经济制度。农奴从农奴主手中分得一块地，作为代价，他们必须无偿耕种领主土地，服各种劳役，并上缴大部分劳动产品，生活非常悲惨。

设计意图：表格式梳理人物的相关信息，比较清晰明了，从学生对人物的选择与分享中初步感受本书所塑造的两类人物，引出对作品背景的认识。

任务三：有人评价这是一部悲剧。你同意吗？说说理由。

生：是悲剧。农奴的悲惨命运，地主的冷酷无情。比如《总管》中的农人老头来求情的场面，因为自己的几个儿子被征兵：要么战死沙场，要么数月未归，家里只剩下老人小孩，无法交那么高的赋税而不得不跪地求饶，真够悲惨！

生：是悲剧。《叶儿莫莱》中的女仆阿库娜，只是为了和自己心爱的男仆结婚，而被主人剃光头发赶到乡下。

师：的确，悲剧就是把人生美好的东西毁灭给人看，农奴的悲惨命运的确令人唏嘘。

生:不是悲剧。比如《美丽的梅恰河畔的卡西扬》的农奴卡西扬,他虽然长相丑陋,但他拥有非常纯净的美丽歌声,他热爱大自然里的一切,还劝“我”不要打猎,认为自然界的鸟儿、野鸭、松鸡都是我们平等的兄弟。极富爱心,乐观善良。

生:不是悲剧。作者在文中呈现的清新自然的美丽风景并不是一个摆设,它是人物活动的场所。比如在《别任草地》中,他展示了农人孩子们富有诗意的、纯真的心灵和对自然的憧憬。

生:乍一看是悲剧,仔细读又发现不是悲剧,更深一层品味发现还是悲剧。比如书中的四段爱情故事都是悲惨的结局,虽然女主人公纯洁、善良、对爱情有自由的渴望,作者对他们的追求是尊重的,甚至是赞美的,可因为男女主人公的身份不同,在那个特殊年代下是不可能成功的。所以,在纯美的人性面前显出更深的悲剧性。

PPT 呈现的几句话:“我和霍尔交谈,第一次真正听到淳朴而机智的俄罗斯庄稼人的语言。”等感受“我”对农人的态度。

师:在后面的《孤狼》《活骷髅》等篇章中也有这样的表达。所以别林斯基(俄国文学评论家)评价:《猎人笔记》从一个前人所不曾有过的角度接近了人民。

小结:在屠格涅夫创作《猎人笔记》之前,已有不少作家涉及过农民悲惨处境这一题材,他们都从农民的悲惨去表现其不幸的命运。而屠格涅夫却从另一个角度,在描写农民不幸命运的同时,用更多的笔墨表现他们的卓越才干,美好的精神世界。不仅是同情更是赞美了他们纯洁、善良的天性。

设计意图:通过思辨性的对话,从不同角度感受作品的另一特色:浮雕一般的思想美。将打猎途中的一个个故事,融在诗意盎然的自然环境中,讴歌俄罗斯农民纯美的人性和品质。同时,也暴露了以农奴主为代表的贵族、地主阶层的野蛮残酷,两条线并行发展,体现作者反农奴制的人道主义精神。

四、布置作业

继续阅读剩余篇章,从这是否为一部悲剧的角度,写一篇小论文。(推荐必读篇目:《孤狼》《活骷髅》)

设计意图:撰写小论文的方式旨在培养学生的作品评鉴力,一方面评价课堂上的教学情况;另一方面推动学生阅读完整本书,能够尝试从批判思维的角度思考问题,提升学生的思维力。

五、案例反思

本节课的设计就是以“驱动性任务”为中心,通过聚焦“真问题”,创设情境性的驱动性任务,提供有针对性的学习支持,引发学生深度学习的整本书阅读推进。

1. 任务驱动，聚焦“真问题”

任务是指个体在特定的情境中，为解决问题、实现特定结果而实施的一系列活动。它应该聚焦学生的“真问题”。所谓“真问题”，一是真实的问题，是学生学习、生活中真实遭遇的实际问题，即学生真正关心、真正感到困惑的问题，而不是只在课堂问答或试题解答中出现的问题；二是核心的问题，也就是说问题必须聚焦基本概念、核心观点、重要内容、关键策略，有足够的张力，能够激发学生深度思考、激烈讨论、持续质疑以及迁移运用。只有这样的“真问题”才能驱动“真学习”。本节课的教学活动围绕三个任务展开，通过创设旅行俄罗斯的真实情境，给学生代入感、体验感，用兴趣和共鸣打开对整本书的阅读。以兴趣作为打开方式，贴近学生的生活创设情境，让学生化身旅行者，在文字营造的精神境地里徜徉。开头聚焦“精华”，将《猎人笔记》这本书重要的两个特色（油画一般的绘画美，浮雕一般的思想美）隐含在三个任务中，学生通过已有知识经验和多维互动来完成任务，在这个过程中，碰撞出智慧的火花，凸显出生命的力量，实现人“在场”、心“在场”、思维“在场”，体现了不断指向思维深处的学习活动。

2. 任务驱动，提供“脚手架”

学生在学习过程中会不可避免地遭遇各种问题、困难、障碍，教师作为学习的指导者与陪伴者，需提供一定的“脚手架”，帮助学生克服困难，从而完成阅读的进阶。比如任务一的设计，通过提供“跳读目录”的阅读方法这一脚手架来完善“行猎路线图”的任务，从而整体把握了整本书的脉络；任务二的设计，通过人物简历表的绘制，聚焦人物的言行，加以比较分析，得出人物个性背后的共性，从而思考农奴主与农奴这两类人之间不可跨越的鸿沟，再通过补充相关的写作背景即农奴制时代，从而引发学生对作者塑造这两类人的真正意图的思辨。

“脚手架”即学习支持，是在学生经历了艰苦的思索、探究、尝试后但仍然不能解决问题的情形下，加以提供。这种学习支持是有针对性的，或者唤醒学生的生活体验，或者补充相关的背景材料，或者聚焦人物的言行加以比较分析，或者通过角色的体验换位思考等。当学生能够自己解决问题时，应逐渐撤“脚手架”，让学生独立或协作完成任务，达到自主学习的理想境界。

3. 任务驱动，引发“思维力”

2017 版的《普通高中语文课程标准》中提出，思维发展与提升是语文学科的核心素养之一。因此，名著阅读教学，需要有思辨性、批判性的思维眼光，以冲突引起思辨性阅读，所谓“冲突”就是学生惯常认知与名著中违背常理的认知内容产生的不协调之处。抓住“冲突”展开任务的设计，更好地激发学生深入探究文本的自主意识，做到思维“在场”。比如任务三的设计：有人评价这是一部悲剧。

你同意吗？这个冲突点，源于别林斯基的一句评价“从前人从未有过的角度接近了人民”，从未有过的角度是指屠格涅夫能够站在农奴的角度，第一次真正提出农民也是人的主张，并全面地展现出了农奴制度下俄罗斯农民的个性，这是一个重大的艺术发现。一方面，说其悲剧。源于作者以生动的笔触对地主、帮凶总管、打手等进行细致的刻画，揭露了农奴主的残暴与虚伪，对农奴的剥削与压迫，表现农奴悲惨的命运。另一方面，说其又不是悲剧。因为农奴的命运虽然悲惨，但作者却以一种平等甚至赞美的态度表现农奴身上的人性美，将他们的真挚朴实、敢爱敢恨一一展现，令人敬重，又用诗情画意般的俄罗斯田园风光加以衬托，展现了他们美好的精神世界。从是否悲剧的思辨中，给学生辩论的可能性，从“是”和“不是”的讨论中去读出人物的立体性，在不断的对话与碰撞中逐渐体会本书的作品特色即浮雕一般的思想美。

这样变换思维角度，从人物命运到写作视角，从不同的角度和侧面理解本书的主题及现实意义，引发思辨，培养学生的高阶思维品质。

书册阅读"C 位出道"

——学科视域下初中生课外书册阅读择取路径探寻

南京市南湖第二中学　王新芳;南京市浦口行知中学　谭志刚

1941 年,叶圣陶在《论中学国文课程标准的修订》中第一次明确提出"读整本的书""把整本书作主体,把单篇短章作辅佐"的建议,但由于历史条件的限制,整本书阅读很难在当时落地生根;《语文课程标准》(2011 版)在"实施建议"部分提出"少做题,多读书,好读书,读好书,读整本书"的要求,统编教材主编温儒敏教授也大力倡导"整本书阅读"。如今,整本书阅读正式走进学校教育恰逢其时,可谓"C 位出道"成为聚焦点。

目前,不少一线教师及专家竞相关注"整本书阅读"的教学现场,重视整本书阅读方法的指导及习惯养成,这无可厚非。只是,很多人忽略了读书的第一步,即在具体书册阅读教学活动中,指导学生面对不同类型的整本书,根据相应的阅读目的如何择取适切的课外阅读书目。

一、被忽略的书册择取路径

吴欣歆认为:"书册"较之单篇文,一方面增加了出版、编辑学上的意义,比如序言、目录、编排、后记等;另一方面由单篇文合成的书册在作者风格、作品时代、题材体裁等方面也有特定的意义。择取,就是选择取用。路径,即到达目的地的方法途径。

关于语文学科视域下初中生课外书册的择取,教师们采用的通常路径是:

(1) 立足《语文课程标准》,带领学生阅读课标推荐的必读书目。但是,《语文课程标准》在"课程目标与内容"第四学段(7～9 年级)的要求是"学会制订自己的阅读计划,广泛阅读各种类型的读物,课外阅读总量不少于 260 万字,每学年阅读两三部名著。"制订"自己的阅读计划"自然要有自己对课外书册的择取,所以仅仅依赖课标推荐的名著显然在数量与类型上都是远远不够的。

(2) 求助于各大网络阅读 APP 的排行榜,比如当当或京东或微信朋友圈推送的"××名师推荐书目"。但网络上的推荐往往鱼龙混杂,各大排行榜排位的依据又是源于销量或点击数,畅销的书未必值得初中学生整本书阅读,比如曾占据各大畅销书排行榜前三甲的《阿弥陀佛么么哒》。

(3) 根据教师自己的阅读兴趣与喜好。相较于学生，教师的阅历与心智要成熟得多，但真想挑出好书，首先得有好眼光，其次就算有“好眼光”也不能拘泥于个人的喜好，这样无益于“广泛阅读各种类型的读物”。

目前，在语文学科视域下，书册阅读的择取路径大多是被忽略的。教师在引领学生关注择取的书册除要符合工具性和人文性统一的特点外，还得考虑选择类型的多样化，如想象文学类的整本书、纪实文学类的整本书、实用类的整本书和科学类的整本书等；另外，还得有一定的版本意识。

关于版本，不少读者是漠视的，或者在意的只是出版社的权威性。其实对于初中学生而言，我们更应注意书册的整体设计。眼动研究显示，不同版式的书籍设计会因其视觉刺激度和视觉轨迹的不同，影响阅读的速度和效率。因此设计师通常会考虑以下因素：纸张、油墨、字号、字体、字距、行长、行距、图文排式、分栏。根据眼动仪采集读者的各项眼动指标，用 10 磅(10.5 磅＝五号)的汉字排印正文，行长超过 110 毫米时，阅读就会感到困难，或者发生跳行错读的现象。为此，贡如云在《中外阅读眼动研究对阅读教学的启示》一文中指出：在国外的语文教材设计中，无论是上课用的教科书，还是课外配套的读本，设计师已经非常注意教材的呈现方式。建议国内教材设计应吸取最新的研究成果，设计出更为人性化的阅读教材。另外，根据眼动研究，书册择取时还要关注图文关系的处置。以学生最初阅读的绘本为例，我们会发现图文处理得当能成就一本好书，受到更多阅读者的青睐。国内外优秀的绘本中往往出现的是大量的图，故事兼具文学及人性之美，给予读者想象的空间。

《中国教育报》推选的“2017 推动读书十大人物”之一的曹勇军老师就非常重视“书目的选择”。他在《整本书阅读的理念、设计和实践》的汇报讲座中指出，读书目的择取是不能随便拷贝或贩卖别人的阅读经验的，“一个好的领读人都应有一个美丽的阅读故事”。

二、在真实的生活中阅读

《权利的游戏》之父乔治·马丁认为：读书可以经历一千种人生，不读书的人只能活一次。阅读原本就是一个开放性的学习行为，我们不应该把学生局限于校园之内、课桌之前，而应鼓励学生打开视域，读万卷书行万里路像在真实的生活中阅读；另外，阅读还是一个读者与作者之间思想情感相互交流、相互碰撞的过程，这更需要阅读者有一定的生活感悟或者情感体验，毕竟“纸上得来终觉浅”。

(一) 结合孩童心理，开展“高位”引领

常会听到一些家长埋怨自己的孩子不爱看四大名著，偏偏着迷于“魔法”“盗墓”之类的“非主流”书籍。事实上，这往往是成年人站在“上帝视角”“挥斥方道”，初中学生心理水平呈现半成熟、半幼稚，热情冲动，好奇心强，这使得他们往往带有浓厚的个人感情色彩去看待周围的人和事。孩子愿意读书，证明他们有阅读欲望，只是兴趣与家长们不在同一频道。作为教师，我们不能简单地批评或否定学生，而应尊重他们的思想和交流语系，给予一定的阅读自由并抓住时机“高位”引导、适时迁移，指导他们在同类题材中淘金漉沙，择取最有价值的书册阅读。

以“魔法类”小说为例，这本非洪水猛兽，其中有不少令人叹为观止的佳作。统编教材七年级下册第六单元已经将J. K. 罗琳的《哈利·波特与死亡圣器》纳入“自主阅读推荐”。这套书的价值不在于它的销量惊人，而在于作者为我们创造了一个全新的多维世界，其天马行空不羁世俗的想象和草蛇灰线伏脉千里的叙事笔法都让人叹服。以此书为原点，我们引导学生读完整套的《哈利·波特》系列，再链接阅读C. S. 刘易斯的《纳尼亚传奇》；接着由“魔幻”到“科幻”，凡尔纳的《海底两万里》、阿西莫夫的《银河帝国·基地》、刘慈欣的《三体》都可以进入学生择取课外书册的视域。

再以阅读“悬疑推理类”小说为例，这能提升学生观察归纳分析推理能力，促发他们对人性的深层及多元思考。阅读此类书册，当从宗师鼻祖发端，比如“侦探小说女王”阿加莎·克里斯蒂的《东方快车谋杀案》《无人生还》等，看完大师作品自然了解“密室杀人”“不在场证明”等缜密入微的推理因素从何而来。此时再将东野圭吾的《嫌疑人X的献身》《白夜行》等“神作”引入学生视域，他们的欣赏水准水涨船高，网络山寨作品便再难入其法眼。

结合孩童心理，尊重他们的“真实的生活”，会让学生在择取课外阅读书册时乐在其中。

（二）结合地域文化，开展主题阅读

每一位阅读者都有自己的生活空间，结合其生活的地域文化开展书册阅读，可以激发其阅读情感，提高其阅读能力。以生活在南京的初中学生为例，他们身在江南，阅读叶圣陶的《苏州园林》时，不妨将纸质阅读与行走体验相结合，展以“园林”为主题的阅读研究。读读陈从周的《梓翁说园》、薛冰的《家住六朝烟水间》；再在闲暇之余走访瞻园、胡家花园、总统府西园、江宁织造府，这对学生了解造园理论、立意组景、叠山理水、建筑栽植等皆有所益。

“六朝古都”的南京，山水城林皆成文章，尝试以“烟雨江南·六朝风流”为研究主题，从探讨如何撰写研究性学习报告到走进“六朝”的历史与文化，从在图书馆阅读相关作品到走出校园进行文化寻访、调查研究……阅读就不再是一方狭小空间里，教师对学生的“个性加工”和“知识灌装”。

“烟雨江南·六朝风流”研究性学习结构示意图如图1所示。这种结合学生真实生活的主题研究阅读，有助于培养初中学生依据地域文化择取书册的能力，促进教师跨越学科障碍、地域障碍，甚至更为广阔的时空障碍，进而了解不同的文化，培养学生长远目光和首创精神。

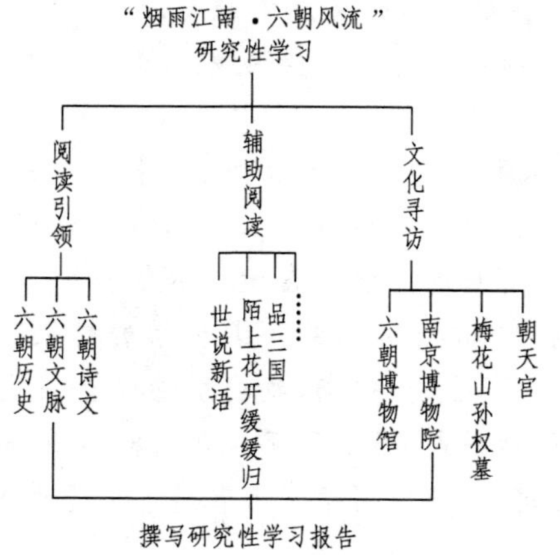

图1　研究性学习结构示意图

（三）结合教材选文，开展发散阅读

温儒敏提出语文教学要让孩子“海量阅读”，读一些“闲书”，“似懂非懂”地读，“连滚带爬”地读，这并不是说要撇开语文教材，撇开学生真实的阅读环境，更何况课外书册与教材原本也不对立。初中语文教材在选文时，专家团队已经考虑到学段的教学目标、学生的接受能力以及选文的文学价值、人文思想等诸多要素，由教材为原点，向周边发散，阅读效果往往是以点带面、以一持万。

上文提到的陈从周的《梓翁说园》，不是无端推荐，除了与金陵地域文化相勾连外，其实也因为教材里就有陈从周的《说屏》。作为古园林建筑大师的陈从周，将“屏”这一传统工艺品写得极具生活气息与审美情趣。钱钟书说“假如你吃个鸡蛋觉得味道不错，又何必认识那个下蛋的母鸡呢”，反其意而用之，真的去见识一下“下蛋的母鸡”，倒也值得尝试。因为这样既让这一年龄段的学生感知教材的温度，也能从“一篇文”到“一本书”再到“一类文”，从而达到“海量阅读”的目的。

学习《秋天的怀念》之前，不妨读一读史铁生的《我与地坛》；《动物笑谈》学完后意犹未尽，在笑声中接着读《所罗门王的指环》；诵读《咏雪》《陈太丘与友期》，不妨打开号称“南京王爷写的微博”——《世说新语》，感受魏晋风骨，倾听名士奇谈；想真正品出《记承天寺夜游》中的“闲”滋味，就应看看林语堂的《苏东坡传》、余秋雨的《苏东坡突围》……

贴近教材，再由教材延伸出去，从学生的“已知”出发，这符合初中学生心理就近原则，此时择取的书册必然能得到他们的青睐。

三、不可忽略的“经典”

书海茫茫，那么我们又如何披沙砾金有效择取呢？若凭一己之力，只怕终其一生不眠不休，也难以阅书海之一粟。不妨求助于经典，采用“经典蔓枝”的方法，遴选出更多有价值的书册；另外，在多媒体高度发达的今天，也可以尝试“跨界阅读”，在跨界中获得启发，择取更多的好书阅读。

（一）经典枝蔓蒙络摇缀

意大利当代作家卡尔维诺在《卡尔维诺经典：为什么读经典》中这样阐述“什么是经典”：经典是每次重读都像初读那样带来发现的书，即使我们初读也好像是在重温的书。经典名著是历经时间筛选留下的精华，“经典具有特异的影响力，它们不可能从头脑中清除，它们潜藏在大脑的记忆层中，披上了集体或个体无意识的伪装”。选择经典书册阅读，可以节省我们从书海中淘金的大量时间。周敦颐在《爱莲说》中用“不蔓不枝”来盛赞莲花的遗世独立和不攀附权贵。然而，在进行书册阅读的择取时，我们恰恰可以反其道而行之，采用“经典蔓枝法”，牵牵连连出与作者、主题相关的诸多作品。

阅读经典名著，除了经典本身，往往还可以“枝蔓”出作者其他作品或作者推崇的相关作品。比如读完《海底两万里》，可追读凡尔纳“海洋三部曲”中的《格兰特船长的儿女》《神秘岛》；《骆驼祥子》读完了，叹服于老舍的十足京味，便可读读《我这一辈子》《四世同堂》《茶馆》；有学生爱读东野圭吾，那影响他的“日本推理小说之父”江户川乱步和开创“社会派推理”的松本清张，他们的作品一定值得择取；有学生喜欢汪曾祺，那他的师学渊源沈从文及与之并称“文坛双璧”的林斤澜的作品，必然让他们爱不释手。

（二）跨界阅读相映生辉

跨界阅读既可指突破学科边界的学科互涉阅读，亦可指突破纸质媒介的综合阅读。为激发学生进一步探索阅读名著的兴趣，也为引导学生在原著与影视作品的对比中，学会比较辨析，领略文字表达与影视表达的不同魅力，有不少作品我们可以选择与影视同步或错步欣赏。

比如你若被李安镜头下画面瑰丽奇谲的《少年 Pi 的奇幻漂流》打动，也就会将扬·马特尔的《少年 Pi 的奇幻漂流》列入自己的书单；陈道明与巩俐两位老戏骨的《归来》拨动观众心弦时，自然严歌苓的原著《陆犯焉识》就进入了择取的视域。

影海辽阔，乘桴浮于海，任取一瓢饮。《城南旧事》、《环游地球 80 天》（皮尔斯·布鲁斯南版）、《杀死一只知更鸟》等，就年龄级别差异都可以选择在不同时机与原著进行比较。不过这种跨界阅读需要注意的是，在感受不同艺术形式塑造人物形象的不同方式时，要有比对、甄选的过程，以期激发学生读出自己的思考与感悟。

经典作品是一些产生某种特殊影响的书，它们要么自己以遗忘的方式给我们的想象力打下印记，要么乔装成个人或集体的无意识隐藏在深层记忆中。用好经典，会让学生在课外书册的择取中游刃有余。

书册阅读“C位出道”，这对学校教育提出了更高的要求，在阅读指导的第一步，语文教师能从语文学科视域出发关注孩童心理，结合地域文化和所学教材，会让学生更“舒适”地感受到作者蕴藏于文字中的生命情感、思想，在阅读中静思感悟、涤荡灵魂；利用好经典，以此“枝蔓”与跨界，能在“激趣”后有效打开一扇阅读之门，丰厚书单，启智导行。

（发表于《语文教学通讯》2018年第35期，第34～36页，有改动）

整本书阅读的教、学、评一体化

——以“《我的母亲》群文阅读”一课为例

南京市致远初级中学　熊佳佳

统编版初中语文教材阅读体系构建的指导思想是“读书为本、读书为要”。即抓住读书这个核心，引导学生多读书、好读书、读好书、读整本书。教材的改革与中考对“真阅读”的要求，牵动着教师的教，连接着学生的学。如果教、学、评相互融通，共为一体，就能相辅相成，三者共赢。下面以“《我的母亲》群文阅读”一课为例，谈谈如何落实教、学、评的一体化。

一、教学目标的确定

教学目标是一切教学活动的航标，是教师教、学生学的指南，也是评价的根本指南。只有目标明确，才能知道教什么；知道了教什么，然后才研究怎么教。语文教学最终极的目标是提升学生的核心素养，教会学生自如地使用语言文字，使得学生的思维品质得到提升，拥有健康向上的审美鉴赏创新能力，从而实现对文化的理解和传承。这样看来，整本书的教学指导是非常有意义的，它是对课本单篇阅读的有效补充和拓展，也只有在整本书的阅读过程中，学生的气质才能得到涵养，高阶思维力才能得到更好的培养。

《我的母亲》是统编版教材八年级上第二单元的一篇课文，是朱德回忆母亲的散文。此次课例并不是对一篇文本进行解读的阅读教学，而是整本书阅读中的拓展课程课型。即借由《我的母亲》这篇文章拓展出的篇目、书籍，教会学生比较阅读的方法；期望通过在阅读过程中将有关内容不断进行比较、对照和鉴别，收到事半功倍的阅读效果，从而更好地揭示知识规律，让学生乐于思考，培养学生的良好学习习惯，增强学习兴趣。这样的阅读课既可以让学生开阔眼界、活跃思想，使他们的阅读认识更加充分、深刻，又可以看到不同作品的差别，把握特点，提高鉴赏力。

二、清晰把握教学的探究点

在目标明确之后，如何达成目标，采用什么教学策略，选择什么教学手段，采取怎样的学习方式，以怎样的学习速度，就成了教学成败的关键。怎么教？就是要围绕目标，引导学生自主体验、探究、发现、感悟。在整本书的阅读中，笔者进行了有效的探索，带领学生从阅读一篇文出发，继而关联一类文，习得阅读的方法；从一本书的阅读开始，拓展到相关的一类书，拓宽学生阅读的视野；努力架构学生的阅读空间，从单线阅读实现网状的阅读。

（一）从一篇文到一本书，探究文体区别

《我的母亲》是朱德写的关于母亲的散文。尽管写的是母亲，文本背后的朱德形象也是可以触摸到的。学生通过作者的文字，概括出丰富的朱德的性格风貌，这并不困难。可是，阅读不能止步于筛选信息。于是，笔者带领学生到统编版教材必读名著《红星照耀中国》中的第十章“关于朱德”中去寻找更多的“人们眼中的”及“朱德口述中的”朱德的形象，借由更丰富的内容，走进朱德。通过比较，明确了两则文本中的同一内容——都表现了创造了、创造着中国历史的人。

比较阅读更重在区别。《回忆我的母亲》是一篇回忆性散文，《红星照耀中国》属于纪实文学作品。这两种文体都有回忆的成分，都是真实的，但有什么区别呢？这是课堂中的重难点所在。探究中，学生在教师引导下，通过比较阅读，得到了有意义的结论。学生发现，在视角的选择上，回忆性散文往往采用第二人称“你”，《回忆我的母亲》尽管采用第三人称，但将人物与自己直接关联，称呼人物为“我的母亲”，非常亲近。而纪实性文学常常会采用第三人称，理性介绍。如《关于朱德》一篇中，作者是直乎其名，作品中就以“朱德”称呼。学生也关注到了选材方面。回忆性散文会选择与作者有关的素材来记叙，素材中有对象人物，也有自己，重点体现目标人物对自己的影响。纪实性文学则不然，作者会选择人物不同身份，与不同人物交往的事迹来综合体现人物的风貌，力图展现人物全体。在表达方式上，二者也有区别。回忆性散文通常采用记叙、描写、议论、抒情相结合的方式，抒情的成分会很浓，在《回忆我的母亲》中，朱德多次抒情，表达对母亲去世的沉痛及怀念，表达对母亲的赞美和高度的评价。而纪实性文学中使用的表达方式会有记叙、描写、议论甚至说明，直接抒情极少。学生也发现，尽管缺少抒情，纪实性作品中作者的情感态度亦能体现出来，只不过是通过记叙和描写来间接表达。在《关于朱德》一章中，学生就能在平静的文字中感受到作者对朱德的礼赞。通过教师的指导阅读，学生们还发现，在情感表达的克制性方面，回忆性散文往往直抒胸臆，情感表现非常充分，感染性极强。而纪实性作品因真实性的需要，非常具有理性，它是让读者自己通过文字去评价。就这样，在结合阅读的比较中，学生发现了回忆性散文和纪实性文学的区别，如果没有对作品的品读与比较，没有教师的指导，这将是他们不会主动思考到的问题。

（二）抓住阅读的兴趣点，从一本书到更多书，探究人物丰富性

《红星照耀中国》的作者斯诺毕竟是没有见过朱德的。在阅读中我们发现了这样的语句“我没有会见朱德的好运道”“韦尔斯女士（斯诺的夫人）是第二个会见中国红军领袖的外国女人”……当教师指出这些语句的时候，学生立刻思考，

那么谁是第一个会见朱德的外国女人。于是在这样的阅读兴趣的激发下，我们找到了另一部作品，来自史沫特莱的《伟大的道路》。在课上，同学们阅读了大量的片段，越是读得多，越是对朱德的形象了解得深入。我们发现，阅读中呈现出越来越立体的朱德形象：战士们眼中的，能同甘共苦的、热爱运动的、平易近人的他，朱德妻子心中的温和的他，外国记者目睹的追求光明的、忠于国家人民的他，敌人视角里的可怖的他，作为儿子的孝顺勤劳的他，作为祖父的可爱的他，作为诗人的热情洋溢的他，作为革命家的坚毅的他……在这样的阅读过程中，学生们知道了，我们了解一个人物，可以从不同文体、不同作家的作品中去读，可以借由一个作品的兴趣触发去阅读新的作品，还可以阅读这个人物自己的作品。在阅读中总结出好的阅读方法，为了以后更好地阅读更多的作品，这正是阅读的意义所在，正是我们整本书阅读教学所追求的、所实现的方法。

三、精准捕捉，反馈评价

笔者认为，学生阅读实践的反馈便是阅读的最佳评价方式。在反馈的过程中，也许会出现一些新问题，触发师生的新思考。这些都是宝贵的教学资源。在整本书的阅读中，学生对“一类文”“一类书”的阅读效果便是最佳的评价方式。这节课的最后一个活动是评价，借助思维导图的形式，借另一个人物鲁迅，去评价学生有没有学会这节阅读课上学习的比较阅读的方法。

学生的作品是令人满意的。五个小组全部都模仿课堂上教师画出的关于“朱德”的思维导图，从篇目和文体对比的两个角度画出了关于鲁迅的思维导图。

当然，通过评价也发现，学生对了鲁迅的了解仍停留在课内学习过的篇目中。于是在这节课的最后，教师进行了鲁迅作品的推荐阅读。例如鲁迅的小说集《呐喊》，经过鲁迅批阅的批评鲁迅的专著《鲁迅批判》，收录陈丹青先生有关鲁迅的七次演讲的作品《笑谈大先生》等。期待通过这些鲁迅的或关于鲁迅的不同文体的不同作品，学生能完善出一个更为立体丰富的鲁迅形象。

有效教学的唯一证据在于目标的达成，在于学生学习结果的质量，在于何以证明学生学会了什么。因此，教学评一体是有效教学的重要路径。在整本书阅读活动中，教、学、评一体亦是理想的愿景。

［发表于《初中生世界》(初中教学研究)
2019 年第 40 期，第 12～13 页，有改动］

整本书阅读“前置性补偿”教学一例

南京市南湖第二中学　王新芳

“前置性补偿”教学是指教师在教学过程中，结合课程标准，教材内容，学生学情、智力与情感等诸多因素重新确定教学起点，补偿学生在单元知识体系或新授知识中的疏漏，唤醒旧知、勾连新知，激发学生学习的兴趣和潜能。在教学实践中，笔者发现，整本书阅读教学实施“前置性补偿”颇具意义。毕竟，对于煌煌巨作，仅用一两节课来“导读”“助读”难以指向作品深处。这就需要教师在课前用一系列的任务来引领、铺陈。笔者在《傅雷家书》整本书阅读教学中，实施了“前置性补偿”。教学设计与思考如下：

一、教学设计

（一）前置准备

1. 学情调研

“前置性补偿”不能局限于课前 5 分钟，而是要回溯到学生的阅读进度及水平。教师要综合考虑名著的整体难度、学生的认知能力等诸多因素，以此来确定教学的起点与重难点。八年级学生正处于青春叛逆期，对于父母的“耳提面命”往往有所抵触。那么，学生是否乐于接受“家书”这一沟通方式？又该如何阅读这一百多封“家书”？为此，笔者在《傅雷家书》教学前开展了一个小调查：

（1）你理想中的“父子/父女”关系是怎样的？

（2）你听过或阅读过《傅雷家书》吗？

（3）你能否接受父母用书信的方式与你沟通？

（4）阅读书信体的作品集，你有何可行性的建议？

2. 前置任务

《傅雷家书》的阅读建议是“选择性阅读”。笔者以为，学生只有在通读或浏览全书至少一遍的基础之上，才能有效结合自己的兴趣和关注点，进行选择性阅读与专题探究。为此，笔者设计了一系列相关任务来推动学生的阅读(表 1)。

（二）课堂“回扣”

1. 回顾旧知，明晰缘由

统编版教材的名著阅读，侧重于指向作品核心价值的方法指导。回顾旧知，有利于学生更好地把握新的读书方法。

表 1　阅读任务表

任务序号	阅读时间	阅读章节	具体任务
任务 1	4 天	1954—1955 年的书信	1. 分类梳理傅雷对儿子有哪些方面的嘱托。 2. 从中你能总结出傅雷的哪些性格(多角度分析并举例)
任务 2	2 天	1956—1957 年的书信	给傅雷写一封信,注意书信的格式,不少于 400 字
任务 3	2 天	1958—1960 年的书信	1. 继续分析傅雷的性格特点。 2. 傅雷引用了哪些学科(或艺术门类)的例子,逐一分析傅雷援引的目的
任务 4	2 天	1961—1963 年的书信	你愿意让傅雷做你的父亲吗?请表明观点,结合原文,多角度阐述,不少于 400 字
任务 5	2 天	1964—1966 年的书信	向同学推荐一封你最喜欢的书信,阐明理由,400 字左右
任务 6	1 天	所有信件	1. 以年份为横坐标,以份数为纵坐标,画出通信折线图,分析其中通信多寡的原因。 2. 画出傅雷家谱图,分析傅雷给不同的人写信(或提及他们)的原因

(1) 回顾:统编教材七年级上册至八年级上册的名著导读(《朝花夕拾》《西游记》《海底两万里》《骆驼祥子》《红星照耀中国》《昆虫记》)的阅读要求与方法。

(2) 示范:关于《骆驼祥子》的名著阅读建议,旧版教材中为“旧北京人力车夫的辛酸故事”,统编教材中为“圈点与批注”。这其中的变化,是从“了解一本书的内容主题”到“掌握一类书的读书方法”。

(3) 思考:《傅雷家书》的阅读建议从“苦心孤诣的教子篇”变成“选择性阅读”,变化缘由是什么?

2. “回扣”任务,合理审辩

完成“前置准备”中的阅读任务,学生需要深入文本、独立思考;课堂上“回扣”其中难度较大的任务,学生则要相互交流,求同存异,质疑阐释,从而进一步补充完善。

(1) 比较教材上施蛰存与楼适夷的点评,说说你的启发。

(2) “回扣”前置任务中的“傅雷家谱图”,理解“傅雷给不同的人写信(或提及他们)的原因”。

(3) “回扣”前置任务中的通信折线图,交流理解。

3. 回味父爱,选择性阅读

“选择性阅读”是一种理性的、目的性很强的阅读方式,这需要结合学生的兴趣、能力和关注点展开。为此,小组内交流傅雷对儿子的教育体现在哪些方面,选择最能激发阅读探究兴趣的内容,开展选择性阅读。预设:

(1) 孩子独自远渡重洋,慈父的关心、叮嘱。

(2) 严父的自我反思、忏悔、鼓励。

(3) 教导傅聪要关注民族及国外的艺术,汲取其精华。

(4) 教导弥拉和美的家庭要有相同的话语体系,要相互理解。

(5) 遇到政治运动,怕孩子受到牵连,宁愿遏制自己的思念。

二、设计思考

(一) 前置准备提供着力点

笔者在整本书阅读教学实践中发现,“选择性阅读”必须立足于学生对名著的整体感知,否则,“选择”就会变成部分学生甚至教师的“特权”。为此,笔者在前置准备阶段以“小调研”及相关任务来推进学生的阅读。每一次推进均要求学生阅读对应的章节并完成相关作业,据此分析出学生的“逻辑”“审辩”等思维缺失,此时,“前置性补偿”已经开始。而当学生开展通读及针对性的阅读时,如“推荐一封你最喜欢的书信”,代表学生的“选择性阅读”已经发生。总之,充分的“前置准备”能让课堂更高效,让“补偿”更有针对性。

(二) 课堂“回扣”提供助推力

课堂“回扣”,不仅要勾连名著内容,还需回应前置任务。以“回扣”前置任务中的“傅雷家谱图”为例,此环节旨在补偿学生前置作业时分析单一、缺乏审辩的思维。如学生关注到给弥拉写信,简单地认为是傅雷希望弥拉“能够理解支持傅聪”“也学习中文,以便更好地沟通”。此时教师不仅要补充相关背景知识,还应补偿学生的思考路径——结合作者身份的多元性,从各个侧面进行思考,深刻分析其中的原因。傅雷不仅仅是傅聪的父亲,还是大翻译家、学贯中西的学者。他提到弥拉,并不是告诫儿媳做贤妻良母、全身心支持丈夫事业,而是希望弥拉也能学习中国传统文化,与丈夫有相等的对话体系。以此为例,学生在探究其他问题时,也能有意识地制订计划,多角度地分析,更好地开展“选择性阅读”。有了立足于前置任务的课堂“回扣”,学生会发现自己思维单一化的倾向,他们的结构性思维才能得到助推。

(三) 多样方法提供持续力

“前置性补偿”教学中,教师往往会采用自我学习、同伴互助、教师引领等多种方法,以达到“补偿”的效果。笔者以为,无论采用何种方法,都需要注意以下两点:

1. 有效的自我学习与同伴互助

整本书阅读中，学生需要独立深入原著、质疑思考，也需要同伴间相互提醒与完善。因此，“前置性补偿”要建立在有效的自我学习与同伴互助的基础上。在导入环节，学生自我梳理教材名著阅读的指导建议，让已学知识成为源头活水；教师以新旧教材中关于《骆驼祥子》阅读建议的变化为例，分析编者的意图以及对学生的要求。在此基础上，学生同伴互助，思考《傅雷家书》阅读建议的变化缘由。学生不是简单的接受结论，而是通过比对分析、相互补充完善，明晰“选择性阅读”的方法，并能以《傅雷家书》为例，将这种读书方法举一反三。

2. 及时的介入与引领

要想让“前置性补偿”真正落地，除了要有学生的自我学习与同伴互助外，还要有教师的介入与引领。尤其是当学生的知识与能力出现盲区时，教师要敏锐洞悉，高位引领。以画“通信折线图”为例，在分析 1959 年和 1966 年通信最少的原因时，学生能结合文本，分析出在 1957—1958 年间，傅聪在欧洲巡回演出，非常忙碌，傅雷害怕打乱傅聪的行程安排，1966 年傅雷心绪不宁……但学生对那个时代很陌生，不能“知人论世”，难以体察藏在文字背后的父爱。教师除了要“补偿”学生的时代背景知识，更要“补偿”学生调动已有知识、分析评价的思维，使得思维具有持续力。当时，中国文化界遭受了两次冲击，一是“反右”，一是“文化大革命”，傅雷也因此被批判。他不跟海外的儿子联系，是防止儿子受到牵连。所以这两个时间段，傅雷写给儿子的信最少。可见，傅雷的苦心孤诣、严慈相济、“百科全书”式的教导，不是耳提面命式的，而是通过一封封书信来教育、来滋养。多年后，我们能读到《傅雷家书》，正是感恩父爱的傅聪将珍藏的书信汇集成册。

总之，基于“前置性补偿”的整本书阅读，需要教师与学生从“前置任务”开始，一步步精心地设计，并在教学环节中充分回扣利用好“前置任务”，开展学习者的“自我补偿”与“同伴补偿”，适时发挥教师的引领作用。只有如此，才能让学生真正掌握读书方法，激发阅读的兴趣与潜能。

［发表于《教育研究与评论》（中学教育教学）
2020 年第 2 期，第 81～83 页，有改动］

培养整本书阅读“深潜力”

——《红星照耀中国》作业规划例谈

南京市南湖第二中学　王新芳

一线教师对于整书册阅读的支持，往往侧重于先期的教学设计与现场指导，有时会忽略阅读前后的整体作业规划。学生在课后开展名著阅读，更关注的是阅读时间和进度。但正如日本知名教育学家斋藤孝在《深阅读》一书中所倡导的，“光有速度还不够，想培养出直攫事物本质的能力，思想就必须具备足够的深度”“相较而言，我们平日面对的各种麻烦，不过是河流表层的浊水罢了。浊水喝着很苦，但只要向下深潜，就能找到清流”。那么，思想如何才能具备足够的深度，这要求阅读者具备坚忍的“深潜力”，方可寻见隐藏在文本深处的“宝贵清流”。而获得“深潜力”，则需要教师在整个阅读进程中利用好“作业规划”激活学生语文思维。

由温儒敏、王本华主编，人民教育出版社出版的“名著阅读课程化丛书”，就十分重视作业规划，以《红星照耀中国》为例，其规划主要分为三个部分：①“阅读建议”，规划通读、精读和专题阅读的时间；“阅读策略”，强调纪实类作品的阅读方法。②“阅读规划进度及自我测评”，用回答问题的形式，促使学生回忆相关章节内容。③ 摘抄与积累。这个名著阅读作业规划除了对“速度”及时把控外，还通过相应的测评，深化学生对作品的理解，值得借鉴。

笔者有幸聆听了南京市教研员袁源老师的《红星照耀中国》指导课，深受启发。在名著阅读汇报课之前，运用作业规划来激发学生阅读兴趣、激活思维，最大限度地消弭他们与经典的隔膜；全程采用具体化、可操作化的任务作业，开发、培养学生“直攫事物本质”的“深潜力”。

【作业呈现】《红星照耀中国》阅读版本为人民教育出版社2018年版，总计五次作业，计时三十天。具体为：

——① 回忆七年级阅读过的名著(包括必读与荐读)，进行分类，并写出你的分类理由。② 阅读序言(包括作者序与译者序)及目录，思考本书是如何体现纪实类作品“真实性”的，记录下你的发现。计一天。(小调查：你喜欢阅读哪种体裁的作品，原因是什么？)

——① 阅读第一章“一些未曾回答的问题”，勾画斯诺提出的所有问题(包括隐藏问题)，标注序号。② 带着这些问题，通读一至十一章。注意在阅读过程中，努力寻找答案，并在蕴含答案的章节标注对应的问题序号。③ 思考，这么多问题作者为何集中呈现在开篇，可否散落在相应章节？写出你的阅读感悟与理解。计十四天。

——① 用跳读的形式，再读一至十一章，思考：走出苏区之后，斯诺还有哪些问题未解？又会产生哪些新问题？请分别写出十个。② 阅读第十二章和“资料链接”，思考：为什么这些问题，只能由美国记者斯诺去提问、去寻求答案？计十四天。

——选择书中一位人物的十个片段做精读批注，至少用到三种批注方式，其中叙述性批注至少用四次。

批注方式包括：① 提问式批注。如：“红色的中国”，为什么具有如此大的魅力？② 感叹式批注。如：徐海东的“出场”颇有意思！③ 评论式批注。如：看似“心平气和”，话语却是“惊人”，反差强烈，形成对比。④ 解说式批注。如：东方中学，应为朝阳中学，美籍传教士在辰州开办的学校。⑤ 叙述式批注。如：清党运动，是1927年以蒋介石为首的国民党中央监察委员会开展的“护党救国运动”，实际上是为清除国民党内的共产党员而发动的一场大规模屠杀运动。“清党运动”在军队、各省及海外普遍展开，杀害了大批共产党人和进步分子，强化了国民党的一党专政。注意：解说式批注偏重于说明，叙述性批注偏重于事实陈述，后者更为全面，强调补充史实和人物生平经历。计三天。

——选择书中另一位人物的三则故事，改编成一个多幕剧，不少于一千字。小组内评选最佳剧本，组长撰写“最佳剧本推荐”，组内遴选演员，演员均要阐述自己胜任角色的理由，排练，班级戏剧展演。计八天。

本套规划设计，没有轻松、浅显的任务，更多的是要激活学生阅读“深潜力”，多是训练迁移能力的作业。其特点体现在：

一、唤醒已知，前置补偿

培养“深潜力”，必须立足在“会潜”的基础上。经过一年的名著阅读学习，八年级学生已经累积了一定的整本书阅读经验，即已“会潜”；对于距离其时代及生活较为久远的作品，也有了心理建设，但经过一个暑假，学生或多或少有所遗忘。为此，要求学生回忆“从《朝花夕拾》开始的，包括必读与荐读在内的十余本名著”，即唤醒他们的“潜水”意识；根据其特点进行合理的分类，则让学生在多本名著阅读之后反刍与思考。需要指出的是，教师不要给出统一的分类标准，尽量鼓励学生根据自己的认知进行分类，并写出分类标准与理由，言之成理即可。这种在正式阅读之前的回顾与补偿，不仅能唤醒学生的阅读记忆，温故知新，而且能让学生从已知出发，心理上战胜畏难情绪，多维度的思考也使学生重新审视已有的名著阅读经验。

二、类型阅读、关注方法

在“你喜欢阅读哪种体裁的作品”小调查中，大部分学生钟爱故事情节较强的科幻、推理小说。这本无可厚非，七年级名著推荐就有《海底两万里》《三体》等。不过，小调查显示学生对于阅读纪实类作品不置可否，这需要引起教师的重视。学生不太愿意阅读此类作品，其中比较重要的原因就是“不太会读”。这提醒教师在指导阅读此类名著时，不能只关注情节、人物、主题，还要侧重于读书方法的习得与运用，以便更好地“直攫事物本质”。

统编教材对《红星照耀中国》的“读书方法指导”包括：首先，利用序言、目录等，迅速获得对作品的整体印象。其次，梳理作品中事实的前因后果、发展线索。再次，把握事实后，明了作者的“真意”。最后，获得启迪。方法倒是不难掌握，但如何巧妙地将其融入阅读过程中，就需要教师苦心孤诣的“作业规划”，使得作业既有趣也有一定的挑战性，能透过“河流表层”，向下深潜，让学生成为真正的阅读者。

为此，笔者要求学生读序言和目录时，就作品“如何体现真实性”要有所发现与思考；用十八天的时间，聚焦“一些未曾回答的问题”，学生自己梳理问题，并在阅读过程中自我佐证、找寻答案，最终就这些问题再深度质疑、思考。在此过程中，学生充分利用序言、目录，以“一些未曾回答的问题”为线勾连整本作品进行梳理，了解事实之后，及时关注“资料链接”、回扣序言，进一步思考“为什么这些问题，只能由美国记者斯诺去提问、去寻求答案”，而不是红军或国民党相关人士。在近三个星期的通读和跳读过程中，阅读者发现问题、解决问题、提出新问题、深入思考问题背后的“真意”，可以说既获得了“纪实类作品”的阅读方法，也培养了名著阅读的“深潜力”。

三、批注多样，拒绝肤浅

批注，这一读书方法，在七下学习《骆驼祥子》时学生已有所接触。当时他们常用的批注方法是提问式、感叹式、评论式。解说式批注和叙述式批注均需要查找资料来完成，难度相对较大，然而想要进一步培养阅读的“深潜力”，这两种批注方法就要加以重视和训练。如叙述性批注，以需要批注的词条为“据点”，理清整本书与之相关的内容，并深入思考，有时还要适当地拓展、链接，最后才能整理、择取，加以批注。所以，为了培养学生阅读的“深潜力”，在作业规划中明确要求“叙述性批注至少用四次”。

以叙述性批注“长征”为例，学生在阅读时要弄清楚红军为什么要长征？哪些人参加了长征？长征经过哪些地方？遇到过哪些艰难险阻？……厘清长征的前因后果和发展脉络，不仅要读得仔细，还要思得深入。如果想有更全面的了解,恐怕还得再去读一读王树增的《长征》(事实上统编教材附在《红星照耀中国》后的荐读书,就是《长征》)。再如,有学生阅读《去西安的慢车》,批注"白胡子老者对红军的情感"时,就要关注到其地主身份,说话的语气语调,方能明白他对红军的感情是怕、是恨;但其实当时很多共产党员也是出身地主阶级,为何他们选择去做国民党口中的"匪"?这也许就是理想,就是信仰的力量。那邵力子前后身份的变化,是源于他对待信仰的不忠诚吗?学生用叙述性批注来解读"情感",抽丝剥茧,深潜到时代、深潜到不同人物对信仰的态度上去。这样的阅读更加深透,在知人论世后,学生真正获得启迪。

四、语言运用,阅读输出

名著阅读如果一味强调输入,学生的思维就会得不到锻炼,长此以往也慢慢丧失阅读的兴趣。所以,在阅读名著时,强调语言运用,采用多种形式阅读输出就尤为重要。

在作业规划中,笔者不仅关注学生的书面表达,同样也创设情境让学生加以口头表达。值得注意的是,不论何种形式的表达,笔者都会强调逻辑、全面、审辩。这样的要求有效地激活了学生思维。比如以最后一次作业——戏剧表演为例:首先要选取合适的人物来撰写多幕剧,改编时要尊重原著,也要适当添加人物的动作神情,而这动作、神情必须在全面了解这一人物性情的基础上;其次在表演时,不仅要求表演者绘声绘色,还要求有理有据地阐述自己胜任角色的理由。这样的阅读输出,需要学生深潜到作品里,去择取、去揣摩、去整合。最终,班级戏剧展演也让小组间的深阅读输出得以共享,学生对原著的理解更加深刻深入。

《如何阅读一本书》中倡导"好的阅读,也就是主动的阅读,不只是对阅读本身有用,也不只是对我们的工作或事业有帮助,更能帮助我们的心智保持活力与成长。"运用好作业规划,能弥补"阅读课现场"的不足,全程有效指导名著阅读,促发学生主动阅读,有利于培养学生阅读的"深潜力"。

[发表于《初中生世界》(初中教学研究)
2019 年第 40 期,第 9～11 页,有改动]

山川异域，风月同天

——指向名著核心价值的类型阅读微探

南京市南湖第二中学　王新芳

近年来，在统编教材总主编温儒敏教授的大力倡导下，“整本书阅读”已引起了诸多教学专家和一线教师的重视。尽管“整本书阅读”相较于“名著阅读”是一个更广泛的概念，但纳入语文课程中的“整本书”，师生们大多默认的是教材中的必读和荐读名著。吴欣歆、许艳主编的《书册阅读教学现场》(教育科学出版社2016年版)，就将“整本书阅读”的指导与点评落到了名著阅读的操作层面上，可以说对语文教学有较强的引领作用。

随着名著阅读推进，教学现场时常出现这样的误区：阅读指导时，教者希望能穷究一本书的价值，从好词佳句积累到片段赏析，从主题理解到手法品鉴，从语言风格到作者情感……教者唯恐有所遗漏，导致阅读任务众多。每本名著的习得相似，无差别的指导也容易引发阅读者的倦怠：学生为完成教师布置的任务而读，疲于应对，缺乏深入探究的兴趣；教师在指导时给人“似曾相识燕归来”之感，疏于实用且可推广的读书方法指导。故而学生对名著“情节支离化”“人物标签化”“主题口号化”“写作手法概念化”。那么如何避免此类误区，消弭学生名著阅读的倦怠感呢？

其实我们不妨尝试打通初中三年的语文教材，根据名著的类型及其文本核心价值来确定“读法”。

一、分析类型，确定读法

开展类型阅读，首先应明确分类的标准。美国学者莫提默·J.艾德勒与查尔斯·范多伦合著的《如何阅读一本书》，在第三篇就介绍了“阅读不同读物的方法”，并将读物的类型分为：实用型，想象文学，故事、戏剧与诗，历史书，科学与数学，哲学。不过，对于语文教师和学生而言，他们不同于一般读者群体，依从教材的分类标准感觉更有权威、可操作。

那么，以教材所涉及的十二本必读名著为例，对比一下现行统编版教材与原人教版的阅读要求，我们可以发现统编教材更强调读物的分类以及类型阅读的方法指导。(表1)

表1　统编本与原人教版的阅读要求比较

学段	作品名称及作者	统编本阅读要求	原人教版所在学段及阅读要求
七上	《朝花夕拾》(鲁迅) 《西游记》(吴承恩)	消除与经典的隔膜 精读与跳读	(八上):温馨的回忆与理性的批判 (八下):一个奇幻的神话世界
七下	《骆驼祥子》(老舍) 《海底两万里》(凡尔纳)	圈点与批注 快速阅读	(八上):旧北京人力车夫的辛酸故事 (八下):科学与幻想之旅
八上	《红星照耀中国》(斯诺) 《昆虫记》(法布尔)	纪实作品的阅读 科普作品的阅读	未推荐 (七下):谱写昆虫生命的诗篇
八下	《傅雷家书》(傅雷) 《钢铁是怎样炼成的》 (奥斯特洛夫斯基)	选择性阅读 摘抄和做笔记	(九下):苦心孤诣的教子篇 (八上):理想主义的旗帜与 人生的教科书
九上	《艾青诗选》(艾青) 《水浒传》(施耐庵)	如何读诗 古典小说的阅读	未推荐 (九上):反对封建暴政的英雄传奇
九下	《儒林外史》 《简·爱》	讽刺小说的阅读 外国小说的阅读	未推荐 (九下):人生追求的二重奏

两版教材要求相较,原人教版侧重于引领学生关注名著内容、把握主题,统编版教材则强调学生掌握读书方法和分类阅读。

统编版教材对名著阅读的具体要求,可分为三类:① 学生初入中学阅读经典作品时,给予心理补偿,即《朝花夕拾》"消除与经典的隔膜"(当然"如何消除"隔膜,同样需要运用一些读书方法和策略);② 广泛意义上的读书方法指导,如《西游记》《骆驼祥子》《海底两万里》《傅雷家书》《钢铁是怎样炼成的》,教材分别介绍了"精读与跳读""圈点与批注""快速阅读""选择性阅读""摘抄和做笔记"等五种可操作、易推广的读书方法;③ 不同类型读物阅读方法指导,如《红星照耀中国》《昆虫记》《艾青诗选》《水浒传》《儒林外史》《简·爱》等。

下面以统编教材强调"类型阅读"的六本书为核心,我们来探究对于中学生这一特殊阅读群体如何展开类型阅读。这六本书,教材将之明确分为四类:纪实作品、科普作品、诗歌、小说。

(一)纪实作品的阅读

纪实作品不能完全等同于历史读物,这是一种强调以"第三方视角"记录人与事真实情况的作品,其基本特点是用事实说话。阅读此类作品需要清楚地把握作品所写的事实。

统编教材以《红星照耀中国》为例,指导学生从以下四点展开阅读:① 利用好序言、目录,迅速获得对作品的整体印象。② 阅读过程中有意识地梳理作品中事实的前因后果、发展线索。③ 把握作品中的"事实"之后,还要读明白作者想用事实说什么"话"。④ 从中获得启迪,用来指导自己的学习与生活。

教师在指导学生阅读此类型的读物时,关注序跋,可以让学生快速了解作者写作的缘由、文本概要、大家评议;浏览目录,则可窥见全书架构及行文顺序,能较为精准地检索到在"序跋"中想深入阅读的内容和事实。纪实作品立足于"事实",然而恰如《如何阅读一本书》所言,"一件历史的'事实'——虽然我们感觉很相信这两个字代表的意义,但却是世上最难以捉摸的"。历史事实是确定的,作者在经过采访、交流、实地探访、查找资料后,也许已经触及"事实",可是"第三方"尽管具有不偏不倚的公正态度,但总归不是"事实"的亲历者。为此,"事实"的前因后果及发展,需要学生结合文中不同身份人物的陈述来梳理、整合、厘清。纪实作品的作者往往带着问题而来,借记叙"事实"为自己和读者答疑解惑,《红星照耀中国》在第一章"一些未曾回答的问题"中就提出了近 80 个问题,恰恰是这些"问题"促发作者斯诺走进苏区实地探寻。纪实作品带给学生的启迪,可以是作品所记载的"事实"带来的影响,也可以是作者在"历史求真"时表现出来的精神,也可以是"提出问题"的质疑能力和勇气。

(二)科普作品的阅读

像《昆虫记》这样的科普著作,一般意义上有两种读法:一是专业阅读,目的性强,往往带着生物学科的眼光走进作品,吸收或者质疑书中的观点,属于学术探究的读法;二是非专业性的阅读,以中学生群体为例,主要是充实知识,拓展眼界,提升素养。科普作品的写作目的是普及科学知识,增进大众对科学的了解。为此,作者尽量采用类比等手法,将专业术语变得通俗易懂,语言往往不艰深,有的还很生动、很有趣。

统编教材以《昆虫记》为例,指导学生从以下四点展开阅读:① 借助前言、后记或附录中有关作家作品的介绍,了解作家的生平事迹、科学成就和全书的大致内容,为阅读整本书做准备。② 遇到专业性较强的概念、术语,要查找工具书和相关资料;运用课内所学知识深化认识;鼓励质疑问难、拓展延伸。③ 体会作品中的科学思维、理念和精神。④ 关注科普作品的艺术趣味。

教师在指导学生阅读科普作品时,先要给予一定的知识铺垫,阅读前言、后记,并进行必要的资料补充。总之,要让学生对相关"科学"有初步的印象,从而拥有阅读期待,带着期待再深入到作品的阅读。此时的阅读期待,可以是对读物能充实知识、拓展眼界的期盼,也可以是对某些重点章节能答疑解惑的期盼。学生对不同门类的科学兴趣不一,所以阅读科普可"粗读"与"细读"并行,兴趣浓郁者甚至可以关联相关作品比对阅读、群书阅读。

（三）诗歌的阅读

九年级上册的《艾青诗选》，是中国近现代新诗的代表，其阅读要求为“如何读诗”。为了更契合“如何读诗”的要求，统编教材在“自主阅读”部分又推荐了一本外国诗集——《泰戈尔诗选》，一本中国古典诗集——《唐诗三百首》。

统编教材指导学生读诗的方法，主要是针对现代诗歌（包括汉译外国诗），包括：① 注意诗歌的表现形式；② 品味诗歌的语言；③ 把握诗歌的意象；④ 体味诗歌的情感；⑤ 体会诗歌的理性美。

方法看似简单，但实际上每一个都可以分解细化。如体味诗歌情感，最简单有效的方法就是读——诵读与品读。诵读诗歌时，需从重音、停连、语气、语调等方面与情感相贴合，以读促解。如阅读表达希望、向上、积极情感的词句，语调往往要上扬；反之，阅读表达沉痛、悲伤、孤寂情感的词句需要降调。品读诗歌时：① 注意感受诗歌不得不发的丰沛情感。② 理出其中跌宕起伏的情感脉络和矛盾对撞。③ 抓住情感载体（即意象），分析作者如何借意象巧妙地表情达意。④ 领略诗歌抒情方式的直白或含蓄美。鲁迅先生在《诗歌之敌》中说：“诗歌是本以抒发自己的热情的”。可以说“把握意象”“体悟情感”，能很好地帮助学生读懂诗歌，体会诗歌。

天文学教授、科普作家卞毓麟曾从科学的角度，对《水调歌头·明月几时有》进行别样解读，很有意思。虽说是击碎了广寒宫的幻影，但从科学上肯定了东坡居士想象的合情合理，使这首千古绝唱焕发出新的魅力。这当然与读者的身份、学养及阅读目的息息相关。我们在指导中学生阅读诗歌时，还是鼓励学生把握意象、体悟感情、品味语言之精妙、体会理性美，并不太倡导从科学的角度去取证与解读。

（四）小说的阅读

统编教材推荐了十二本必读名著，小说有七部。教材以《水浒传》《儒林外史》《简·爱》为例，从“古典小说”“讽刺小说”“外国小说”的维度来指导小说的类型阅读。

古典小说的阅读方法有：① 把握题材特点；② 了解古代白话小说的艺术手法；③ 分析人物形象；④ 体会语言风格。鲁迅先生《中国小说史略》记载的古典小说起源甚早、荦荦大端，但对于中学生而言常规意义上理解的古典小说是指明清长篇小说。首先，明清长篇白话小说，往往展现的是宏大的社会历史背景，直到《儒林外史》《红楼梦》才有了更多写人的生活场景描写，题材上比较独特；其次，古白话长篇小说往往有“说书人”的痕迹，所以其语言风格、文章架构、叙事视角特点也非常鲜明。

讽刺文学历史悠久，此处不做枚举。统编教材以《儒林外史》为例，指导学生阅读讽刺小说时，关注：① 体会批判精神；② 欣赏讽刺笔法；③ 联系现实，深入理解。《儒林外史》同时也是中国古典小说，完成“题材把握”“人物分析”等阅读任务时，更需关注作者如何运用精妙、丰富的讽刺笔法来针砭时弊的，作品批判的并非个人(小说中的“典型形象”)，更多的是为“醒世”，进而“救世”。讽刺小说时代性较强，中学生阅读时需追根溯源，知人论世，并能结合当下，把握主旨。

外国小说作品繁多，主要注意：① 了解作者的创作背景；② 理解小说的文化内涵；③ 关注小说的叙事角度；④ 体会小说的语言特点。如果说古典小说是从时间角度界定的，讽刺小说是从笔法与写作目的角度界定的，那么外国小说就是从地域角度界定的。相比较而言，外国小说的范围更为宽泛，山川异域，风俗各一，阅读者需特别关注作者的创作及文化背景。

纵观三类小说的阅读，我们可尝试比对出阅读方法的异同。共性：① 理解人物形象；② 把握情节与主题；③ 品味小说的语言特色；④ 了解创作背景。个性：① 把握题材特征；② 关注写作笔法；③ 注意文章架构；④ 联系现实获得启发。

运用好教材所提供的四种类型读法，学生能从读懂“一本书”到读好“一类书”。但需要提醒的是：同一类型的读物其价值的侧重点不同，阅读过程不能完全同轨。如科普作品《昆虫记》(必读)与《星星离我们有多远》(荐读)同为科普，两本书中都有“诗意”的存在，不过《星星离我们有多远》里出现的诗大多是为了激趣，首尾引用《天上的街市》有效地拉近了作品与读者的距离；《昆虫记》的诗意，则更多地渗透在字里行间，彰显法布尔的人文情怀。为此，阅读《昆虫记》强调“虫性”(科学性)“人性”(人文性)的同时，还需要品评“诗性”(文学性兼人文性)。

当然，我们强调阅读的类型化，并不是说一种读书方法只能适合于一种类型，我们可以看到教材对纪实作品、科普作品的读书方法指导，都提到了“借助阅读序跋、目录等，获得对作品的整体印象”。这是因为对于中学生而言，纪实作品、科普作品没有小说引人入胜的情节、个性鲜明的人物，没有诗歌的短小易读、情感共鸣，它们更“磨脑子”，需要中学生学会借助外力，理出头绪、找出线索。阅读序跋，得到作者或大家的指引后，纪实或科普作品的正文阅读会变得容易一些。而文学想象类作品(如小说、诗歌)，恰好可以相反，不妨先“素读”名著，读出“我的思考和困惑”，再到序跋、后记中寻求帮助，然后借此展开群书阅读，这更符合中学生的阅读认知规律。

二、明确价值，培养能力

不同类型的读物，其核心价值必然不同。以前文所提四种类型读物为例：纪实作品强调了解“事实”，质疑思辨；科普作品强调知识拓展，开阔眼界；诗歌适合诵读积累,品味感情;小说关注人物形象,把握情节主题。同一类型的读物,由于阅读者的眼界、格局以及阅读目的使然,呈现出来的具体核心价值也不尽相同。2018 年《中学语文教学参考·中旬》,用了一整年共计 12 期,在“专题透视”栏目,刊登了全国著名特级教师王君与她的备课团队,阅读各种类型文本的备课沙龙研讨记录。王君老师团队倡导的各类型文本“语用价值与精神价值的双向开掘与情趣呈现”,在全国初中语文界颇有影响。

中学生开展名著类型阅读时,如何彰显读物的核心价值?笔者以为需要结合语文学科核心素养与阅读能力。

语文学科的核心素养为:① 语言建构与运用,强调口头语言的听、说和书面语言的读、写。② 思维发展与创新,强调直觉体验、语言表达、观点表达、逻辑表达,这些是思考的基础素养;批判思维和自我反思,这属于个性创新素养。③ 审美鉴赏与创造,强调审美情感、品位、表达与审美创造。④ 文化传承与理解,强调文化自信、文化吸收、人生价值、社会责任。

PISA2018 阅读素养测试定义的阅读能力包括:理解、运用和反思、评价。美国教育家洛林·W. 安德森(Lorin W. Anderson)《认知目标分类学》(2001 年版),则将思维分为“回忆”“理解”“应用”“分析”“评价”“创造”六个层次。2019 年南京市中考语文学科考试说明对“能力层级描述”如下:

① 识记:识别,记诵,积累语文知识和经典作品。

② 理解:运用分析、综合等方法领悟文本内容,根据要求提取信息,做出解释。

③ 鉴赏:评价阅读材料,并作鉴别、欣赏。

④ 表达:运用语言文字完成指定要求。

⑤ 探究:质疑,探讨,有所发现和创新。

结合以上理论和要求,我们不妨将学生需掌握的阅读能力分解为:识别记诵、信息提取、概括分析、理解鉴赏、解释推断、发散拓展、批判探究,并将其有针对性地融入相应的类型阅读,以期指向读物的核心价值。

纪实作品、科普作品的阅读能力提升点,是在历史与科学知识的识记及信息提取上,通过阅读了解历史的部分真相和某类科学知识。

小说的阅读能力提升,可分为三个层面:

(1) 分析概括。理清小说曲折的情节和复杂的人物关系,达成小说阅读“把握小说特点,把握人物情节”的价值,如《骆驼祥子》。

(2) 解释推断。分析文本的观点与材料之间的逻辑联系,合理推断事件现象因果关系等,如有丰富的想象力、精彩的情节、鲜明的人物,表达一定主题的作品,《西游记》《海底两万里》等。感受作品中的想象,尤其是各情节之间以及人物与主题之间的逻辑自洽。

(3)理解鉴赏、批判探究。包括对名著内容进行批判性反思,形成自己的评价;能够批判赏析小说中蕴含的民族心理和时代精神,从而加深对人类社会生活和情感世界的认识和思考;能够通过鉴赏文本发展思维、获得审美体验等。如《水浒传》,具有一般小说的特点,但囿于写作时代的局限,在作品反映的主题上有所偏颇,这需要学生批判性阅读。《简·爱》具有一般小说的特点,但囿于写作背景的不同,所蕴含的文化价值、民族特征,也需要读者选择性的接纳,在阅读作品后,对小说所反映的时代特征、民族精神进行批判性的赏析。

另外,要区分“科普”与“科幻”的概念。虽然两者均有大量科学的元素,但科普作品注重科学知识的普及,强调实证精神;而科幻作品,属于小说,带有虚构的成分。2019年12月19日,《星星离我们有多远》的作者卞毓麟,在南京市宁海中学演讲时指出,小说需具有情节的合理性,人物的鲜明性,人文关怀。科幻,则基于科学知识,发展轨迹的合理想象,观照现实,提醒未来;科普作品,首先是普及科学知识,其次是有趣味,而趣味主要是知识的趣味、发现的趣味、理性的趣味。所以,两者在阅读的核心价值有上所差异,那么所提升的阅读能力点、使用的阅读方法也不相同。

散文、诗歌的阅读能力点,可侧重理解鉴赏、发散拓展,体味重要词句的含义及其在语言环境中的作用;领会重要语段的内容及其在文中的作用;鉴赏作品的深层含义及文学文化内涵等。散文,用灵活的形式表达真情实感;诗歌,用高度凝练的语言抒发丰富情感。散文与诗歌的核心价值都体现在情感的抒发上,因此需通过阅读理解情思,有所感悟。中学生可以在读物本身和实际生活经验之间建立联系,尝试扩写、改写或创作。

当然,类型读物的阅读能力提升点并非绝对地匹配,我们可以依据作品具体内容来权衡 。比如“理解鉴赏”的能力培养:不能否认的是每一部名著都有值得鉴赏的点,但是类型不同,鉴赏的比重也应该有所差异,如诗歌语言高度凝练、情感丰富深沉,自然要比纪实作品更值得鉴赏。“批判探究”这一阅读能力点也是如此:纪实作品关注历史、强调“事实”,但文章所述是否都客观、公正、全面呢?这需要中学生去查找更多资料进行探究研讨,这里的批判就不同于“讽刺小说”中批判的概念。

总之,类型阅读倡导尊重作品本身的文学样式和核心价值,尽管所用的方法有所差异,但培养学生“阅读”“运用”“反思”“评价”的初衷却是一致的,正所谓“山川异域,风月同天”。指向文本核心价值的类型阅读,能给予学生适切的阅读方法,有助于提升他们的阅读能力,能使得名著阅读更聚力、更高效、更有趣。

以《活着》为例谈整本书阅读教学策略

南师附中新城初中　王林

一个学生语文综合素养的高低很大程度上取决于他的写作素养，而脱离阅读，写作犹如无米之炊。因此，阅读的广度和深度直接影响着学生的语文综合素养。信息化时代，学生阅读的碎片化、细窄化、浅显化现象很普遍，导致其语言文字的感知和鉴赏能力下降。新课标提出："要重视培养学生广泛的阅读兴趣，扩大阅读面，增加阅读量，提倡少做题，多读书，好读书，读好书，读整本的书"。可见，学生的阅读不仅仅停留在教科书，教师的教更不能只局限于课本。

阅读能力的培养建立在具体的阅读实践中，在这个过程中，教师要发挥指导性作用，而不能让学生过度化地自由阅读。散养化状态最终会使学生的阅读停留在表面，有的甚至会误入歧途。叶圣陶先生在《论中学国文课程的改订》一文中指出："现在的国文教材似乎该用整本的书，而不该是用单篇短章……退一步来说，也该把整本的书作为主体，把单篇短章作为辅佐"。因此，语文教师有责任和义务将整本书阅读教学融入每学期的教学体系中，充分发挥教师的主导性作用。笔者就自己的教学实践，粗浅地谈谈对整本书阅读教学的思考和认识。

一、树立理念

理念的树立，可以帮助教师在整本书阅读教学实践过程中达成统一的共识。

1. "由这本，到那些"

毕业了，也就不读书了，这是很多学生真实的写照。良好的阅读习惯应该伴随学生的一生，影响其一生，而不仅仅停留在他的学生时代。"三日不读书，便觉面目可憎"，教师的使命是将阅读的习惯深入到学生的灵魂中，使其成为他们生命中的一部分。

由一本书的阅读，延伸到这位作家作品的关联阅读，抑或文风相似（或相反）的作品阅读，甚至文本之外的影视、绘画、雕塑等其他艺术形式的欣赏。总之，不能让学生读完一本就"丢"一本，要从一本书的阅读中衍生出更多的生命体验，让学生真正地热爱阅读。只有这样，自觉的阅读习惯才会融入他们的生活，伴其一生。

2. 微课程意识

笔者在第一轮教学（三个学年）过程中发现，很多书目的推荐和指导缺乏课程意识，更多的时候像是打一枪换一个地方，犹如无头苍蝇。最终导致第二轮开始的整本书阅读教学又得从头再来，重新选定书目，重新备课反思。因此，整本书的阅读教学应有微课程意识，集合备课组和教研组的力量制定相对固定的课外阅读书目，形成多类型的阅读指导课，组内交流共享。此外，从学校层面来说，更应该形成整本书阅读的微课程。因为只有这样，才不会出现整本书阅读教学的体系混乱，换了学段就重新开始，增添备课负担；换了领导就一切归零，加重教学任务。

二、提出目标

由于缺乏目标意识，笔者在刚开始的整本书阅读教学尝试中只是流于形式，教学效果一般。只有确定好教学的目标，才能指领整本书阅读的教学设计。

1. 浸润文本

整本书阅读教学的首要目标便是让学生静下心来阅读文本，在文字的浸润中才能感受文学的魅力。对于经典的作品更是需要反复品读，推荐的阅读书目要读三遍。

在精读和细读的过程中，激趣很重要。通过不断的激发阅读兴趣，学生的阅读才会持久和深入。当然，对于一部分“难啃”的名著，也要磨炼学生的意志，告诉他们只有“苦”读才能走近作者，走近文本。

2. 掌握方法

“授人以鱼，不如授人以渔”，指导学生在阅读整本书时掌握必要的方法和技巧，这才是整本书阅读教学的出发点和落脚点。

读书的方法有很多，如扫读、略读、跳读、赏读等，针对文本中叙述的主次或详略，指导学生使用不同的读法。读的过程中，圈点勾画必不可少，如何做旁批、眉批、尾批等也需要教师适当指导。

不同文体的阅读，方法上也会略有不同。如古诗的阅读重在诵读，通过意象产生合理的联想想象，对于难懂的典故要善用参考书籍；小说阅读从三要素入手来分析形象，探讨主题；散文阅读通过个性化的语言来感受作者独特的情感体验等。

3. 感悟生命

笔者希望学生通过反复咀嚼文本，来反观自己，感悟生命。学生能从“小我”的个人情感中跳脱出来，去关注社会，关注自然，关注那些被遗忘和忽略的群体体验，拥有“大我”的情怀。当然，在阅读的过程中也要培养学生的思辨意识，对于生活能有自己独特的思考和体会。

三、选择作品

在整本书阅读的作品选择上，笔者最初只是简单地从网上下载一篇书目，稍微整理一下发给学生。在阅读过程中发现，学生的积极性不高，他们像完成任务似得草草地翻一翻，阅读质量很低，阅读热情衰减。经过反思，笔者发现不能一股脑地把一学期甚至三个学年的阅读书目发给学生，这就好比数学老师在开学第一天把一学期或是三个学年的数学试卷放在讲台上，然后告诉学生这是我们接下来要完成的任务，学生必然会恐慌。推荐的整本书数量上不一定求多，但一定要求精。因此，作品要做到有所选择，指导要循序渐进。

1. 教师的阅读体验

教师选择的推荐书目首先得是自己读过，而且是反复读过的，做到读懂读透。自己都没有读过的书如何能推荐给学生？又如何给学生过程性的指导和阅读后的交流？只有自己经历了阅读，感受了阅读，才能指导学生，和学生与文本、作者"同呼吸"。学生会关注老师的穿着打扮，会模仿老师的书写笔迹，同样，他们也会悄悄地注意老师看的书。教师良好的阅读习惯对于学生来说是一种很好的引领。

2. 课内外勾连

课外阅读书目的推荐不能凭空而想，应把课本作为抓手，由课内文本向课外整本书进行延伸。笔者在教学实践中，根据课内所学来给学生做具体推荐。如学完《秋天的怀念》，推荐学生阅读《我与地坛》，同作者一起感悟生命；学完《金色花》，推荐学生阅读《飞鸟集》，感受作者细腻的情感；学完《芦花荡》，推荐学生阅读《白洋淀纪事》，进一步体会"荷花淀"派的艺术风格；学完《信客》，推荐学生阅读《文化苦旅》，思考文化的传承。

相关书目的阅读也能反向提升课内文本的理解。如学《杜甫诗三首》前，笔者推荐学生先阅读《杜甫传》，在学生了解杜甫的人生经历后，就不难理解《望岳》与《春望》风格的不同了。学《记承天寺夜游》前，笔者推荐学生阅读《苏东坡传》，在学生清楚苏轼的人生遭遇后，也就自然而然地感受到作者写此篇时内心的复杂情感。

3. 文本的多样性

整本书阅读要博杂，各种文体及语言风格要兼顾。如诗歌可以推荐《唐宋词一百首》《新月集》《给孩子的诗》等，小说可以推荐《西游记》《呼兰河传》《小王子》等，散文可以推荐《诸子百家散文选》《人间草木》《人类的群星闪耀时》等，书信体可以推荐《曾国藩家书》《傅雷家书》等，传记可以推荐《名人传》《李白传》。

此外，推荐的书目里还应包括童话、寓言、神话这些学生易读易懂的文本，也需要有一部分如《苏菲的世界》、《谈美书简》这类含有哲思和美学鉴赏的书籍。总之，推荐课外阅读书目时，要指导学生博观约取。

四、以《活着》为例

整本书阅读的课型包括导读课、交流课、比较课、延伸活动课等。其中导读课主要是激发学生的阅读兴趣，以及在再读前给予一些方法的指导；交流课主要赏析文本，体悟生命；比较课是通过文本或作家的对比阅读，来提升学生对相似性作品的鉴赏能力；延伸活动课比较庞杂，可以开展写、辩、编、演等活动来丰富学生的阅读体验。笔者以余华的小说《活着》为例，谈一谈对于整本书阅读课型的一些理解。

1. 导读课

一本书学生愿不愿意去读，教师的引导和激趣很重要。为了激发学生阅读《活着》的兴趣，笔者开设了一节导读课。

课堂上，笔者模仿毕淑敏《我的五样》设置了一个情境，让每位学生在空白的纸上写下生命中最重要的五个人的名字，想象某一天和这五位重要的人乘坐热气球环游世界，途中突遇气流变化，热气球损坏，必须减轻重量才能继续飞行。热气球飞翔在茫茫的大海之上，学生在此时必须选择牺牲其中一位（除了自己之外），才能保全剩余者的生命。更为残忍的是，每隔一段时间都需要让一位重要的人跳向大海，学生在纸上每一次划去那位重要的人的名字的时候，或面色凝重，或泣不成声。学生们感受到了所有亲人离去后的那种孤独痛苦，这时笔者适时地推荐余华的小说《活着》，告诉他们书中主角福贵也经历了人生的生死离别，最后所有亲人都离他而去，只剩下一头老黄牛和他做伴。福贵到底遭遇了哪些苦难？这是怎样一种历程？他又是如何面对的呢？请同学们阅读《活着》。

这是学生对文本的初次阅读，笔者认为不需要布置相应的任务去干扰他们。正如在观看影片前有作业要完成一般，这会打断学生阅读和观赏的节奏。在初次阅读时更不能在中途给予指导，就像观看影片中总有人在旁边剧透，这会让学生反感。初读文本最好保持松弛的自由状态，粗细快慢让学生自己把握。

2. 交流课

经典文本的阅读需要反复咀嚼，在完成初读后，笔者安排学生再次阅读。和第一次不同的是，笔者在第二次阅读前给学生设置了相关任务，以此来引导学生的深层阅读。以下是笔者设置的任务：

（1）在阅读过程中，哪些地方让你会心一笑？哪些地方让你默默流泪？请圈画出来并思考原因。

（2）除了主人公福贵之外，全书中你最喜欢哪个人物？为什么？

（3）有人说福贵是苦痛的一生，有人说福贵是幸福的一生，你怎么看？作者余华又是怎么看的？

（4）文中有两个“我”，第一个民歌采风者的“我”多余吗？

第一个任务主要是结合学生的阅读感受，来发寻情感的触发点，文本中大量的细节值得学生一读再读。第二个任务是理解人物形象，发掘平凡之中人性的闪光点。第三个任务是思考文本的主题。第四个任务是探究文本的写法，即“双重视角”的运用。四个任务的设置是根据文体（小说）的特点，由浅入深，符合解读文本的规律。

一周后，在学生第二遍阅读的基础上，笔者开设了一节交流课。围绕前两个任务，学生品读细节，分析人物，在分享自己阅读体会的同时也能聆听他人的感受，感人之处比比皆是，学生对于文字的感受力得到提升。第三个探讨主题的环节，笔者安排了一次小辩论，认为福贵是苦痛的一生为一方，认为福贵是幸福的一生为另一方。课堂上双方各抒己见，碰撞出思维的火花。生成的结论令人惊叹，学生最后总结出福贵的一生虽是苦痛，但同时也伴有幸福。福贵的生命中有一次次的“离去”，但同时也伴随一次次的“归来”，痛苦与幸福也在不断地转化。在那特殊的历史背景下，人生充满荒谬和孤独。但是福贵在经历了一切后，能淡然自若地向“采风者”娓娓道来他的故事，就已经诠释了生存的意义，那就是活着，好好地活着，幸福地活着。学生感悟到了生命的厚重，笔者也从他们震颤的语调里感受到了灵魂的成长。

3. 延伸课

第二次对文本精读后，笔者布置学生观赏张艺谋导演的影片《活着》，之后再进行文本的第三次阅读，思考文本描写和影片表述的差异，比较之间的优劣。为此，笔者开设了一节延伸活动课，交流心得。此外，笔者还将一些名家的评论与作者自己的看法整理给学生，在“巨人的肩膀上”再次审视文本。最后留十分钟时间，让学生自己写一小段文字，制作成书签夹在小说中。由此，经典文本的三次阅读目标完成。

苦难是生活的一部分，我们的生命中充满了不能承受之痛，可是人精神上的韧度之强难以置信，所以我们要有意识地将这股力量书写下来。为此，笔者布置以《苦难的韧劲》为题，写自己的一段苦难经历，或参访一位亲人，书写下他们经历的苦难。学生交上来的作品令人震撼，笔者将多篇优作发在班级美文博客上，其中一篇在《初中生世界》发表。

培养学生终身阅读的习惯，提升学生语文的综合素养，是每一位语文教师义不容辞的使命。笔者的整本书阅读教学在不断实践，不断反思，不断改进。虽然有无法言说的苦累，可一个个跳脱的生命的成长，也让人欣慰欢愉。

（发表于《中学语文》2019 年第 32 期，第 54～55 页，有改动）

后 记

中国是一个阅读大国,“整书册阅读”思想古来有之。自孔子以来推行的以“四书”“五经”为主的典籍教育就明显带有读整书册的影子。至近代语文独立设科,典籍教育已经积累了不少的整书册的阅读方法,如“朱子读书法”“读书十六观”等。但语文课程内容的主要载体是“课文”,单篇研读成为语文教学的主要形态。早在20世纪20年代,语文教育研究者就已经发现了“单篇课文”教学的弊端,并提出了用整本书推进语文教学、提升学生阅读力的主张。

当代,随着读整本书进入语文课程标准,相关学者和教育工作者对“读整书册”的研究日益增强,相继推出了一些有一定参考价值的经验,但在整书册阅读与指导上也存在着“淡化兴趣”“忽视习惯”“指导缺失”“评价失衡”等不良倾向和“以练代读”“以点带面”“以写代读”“以考代导”等不当做法,大大削弱了整书册阅读的实效与价值。

2017年10月至11月,我们课题组采取抽样的方法,选取了江苏省南京市五所初中七至九年级800余名学生开展“整书册阅读与教师支持”问卷调查,内容包括:学生的阅读动机、兴趣,阅读时间、氛围,阅读途径、方法,教师支持,阅读期待与建议等。调查结果发现,当下的整书册阅读与指导主要存在四个方面的矛盾:一是阅读兴趣与学业压力之间的矛盾,即应试导向下的功利化阅读大大消磨学生的阅读兴趣;二是类型单一与全面发展之间的矛盾,即学生偏向于叙事类作品的阅读而忽视“全面营养”的摄入;三是氛围清淡与升学必考之间的矛盾,即阅读氛围淡薄、支持乏力而考核灵活多变;四是方法粗浅与深度阅读之间的矛盾,即粗阅读、浅阅读的现象很普遍,细读、深读不足。

为解决以上问题,我们强化教师的“给力”研究,根据不同的阅读目的(“为掌握资讯而读”“为理解而读”“为审美鉴赏而读”“为应用而读”),指导学生学会使用阅读方法(精读、略读、浏览、互文解读、拓展、梳纲要等),探索不同读物(如纪实作品、科普作品、诗歌、小说等)的整书册阅读指导策略,使学生会阅读、能阅读,提升学生的阅读素养,为学生一生的学习和发展奠基。在行动研究中,我们根据新课程标准要求,结合统编版初中语文教材中12本必读名著,初步构建了“导读课”“推进课”“拓展课”三种基本课型,为开展整书册阅读指导提供实用性强的阅读指导样例;编制了24本荐读名著的阅读任务单,为学生把握作品的内容、主旨,习得方法、路径,促进知识、能力迁移提供保障。

感谢王新芳、张璇、黄佳佳、杨菁、彭帅、吴朝杰、涂韡立、顾家银、熊佳佳、朱琳等课题组成员多年来的通力合作和辛勤付出，大家的智慧和汗水催生了这朵“研究之花”的绽放！南京市致远初级中学的郭冬婷、杨素云、王亚念，南京河西外国语学校的麻燕，南师附中新城初中的陈静华，南京市高淳漆桥中学的周颖等老师也参与了部分内容的撰写，在此表示感谢！

特别感谢江苏师范大学魏本亚教授于百忙中为本书作序。他不只是我的导师，也是江苏省中学语文特级教师研修班、国培班的指导专家。恩师广博的学识、开阔的视野、严谨的治学态度、精益求精的工作作风，深深地感染和激励着我。

在项目研究和本书编写过程中，我们得到了很多教师、校长、教研员、专家、学者的帮助，在此不一一列出，他们的大力支持和无私帮助将化作我们继续探索的勇气和力量。

整书册阅读是个古老而年轻的话题，也是一个需要不断探索的重要课题。期待我们携手共进，努力提高整书册阅读与指导的有效性，不断提升学生的阅读力，促进学生成为自觉、终生的阅读者。